SOUVENIRS HISTORIQUES

SUR

BOURGOIN, SAINT-CHEF

ET

MAUBEC.

SOUVENIRS HISTORIQUES

SUR

BOURGOIN,

SAINT-CHEF ET MAUBEC,

PAR L. F*.

Du besoin du passé notre âme est poursuivie,
Et sur les pas du temps l'homme aime à revenir.
Il faut aux jours présents de la plus belle vie
L'espérance et le souvenir.

BOURGOIN.

IMPRIMERIE ET LIBRAIRIE CH. VAUVILLEZ.

1853.

AU LECTEUR.

Je réunis ici trois notices sur Bourgoin, Saint-Chef et Maubec. Ces localités voisines les unes des autres ont laissé dans le passé des traces et des souvenirs dont la connaissance peut présenter quelque attrait aux habitants de Bourgoin et de sa banlieue.

C'est là le seul motif qui me porte à publier le résultat de mes investigations ; car, étranger à l'art d'écrire pour le public, je n'ai pas la prétention d'offrir au lecteur une œuvre littéraire. Je me borne, dans ces notices, à rapporter avec exactitude des faits que j'ai soin d'appuyer par l'indication des sources où je les ai puisés. Narrateur fidèle, ou plutôt, humble compilateur, je n'ai point essayé de me lancer dans le champ des fictions, et ne me suis proposé d'autre but que de tirer de l'oubli quelques-uns des anciens titres et des vieux souvenirs de mon pays natal. Aussi, consentirai-je volontiers à ce qu'on dise à propos de mon œuvre ce que Voltaire disait de l'abbé Trublet :

Au peu d'esprit que le bonhomme avait,
L'esprit d'autrui par supplément servait.
Il entassait adage sur adage ;
Il compilait, compilait, compilait....
On le voyait sans cesse écrire, écrire
Ce qu'il avait jadis entendu dire.

. . . .

Bourgoin, octobre 1855.

L. F.

BOURGOIN.

J'aime à le prononcer, ce nom de la patrie,
Il résonne de loin dans mon âme attendrie
Comme les pas connus ou la voix d'un ami.

(Lamartine.)

SOUVENIRS HISTORIQUES

sur

BOURGOIN.

Si médiocre que soit l'importance de la ville où l'on est né et où l'on passe sa vie, on aime à s'enquérir de son origine et de son passé. Sous l'impression de ce sentiment, j'ai depuis longtemps cherché à rassembler les souvenirs et les documents qui peuvent se rattacher à Bourgoin, et j'essaye de retracer ici ceux que je suis parvenu à recueillir.

I.

Époque romaine.

Bourgoin, comme ville ou bourg, existait déjà sous la domination romaine; il est même très-vraisemblable que son existence remonte au-delà de la conquête de notre pays par les Romains; son nom latin *Bergusium*, que, dans le patois du pays, on a continué de prononcer *Bergun* ou *Bregon*, semble, comme le fait remarquer Chorier, d'origine celtique (1), et il est probable qu'une bourgade s'était établie de bonne heure dans une des plus favorables positions et un des plus fertiles territoires du pays des Allobroges.

L'itinéraire d'Antonin, qui a été rédigé au moins dans le IIIe siècle de notre ère, s'il ne date pas du règne de l'empereur Antonin-le-Pieux, qui vivait de l'an 86 à l'an 161, mentionne Bourgoin, sous le nom de *Bergusia*, comme l'une des stations de la route de Milan à Vienne, par les Alpes grecques. Il le nomme après la ville d'Aoste *(Augusta)*, dont il est éloigné de 16,000 pas, et avant Vienne qui en est à 20,000 pas (2).

D'un autre côté, la table dite de *Peutinger*, qui n'est qu'une espèce de carte de l'empire ro-

(1) Chorier, t. 1er, pag. 95 et 228.

(2) Les Romains comptaient ainsi les mesures pour les distances : — L'unité et la plus petite mesure était l'épais-

main (dressée sous l'empereur Sévère vers 230, comme le démontre Maltebrun), indique Bourgoin sous le nom de *Bergusium*, qui paraît, nous l'avons déjà dit, avoir été conservé par l'expression populaire de *Bergun*.

Indépendamment de ces preuves écrites qui sont incontestables, les titres de Bourgoin comme ville romaine, se retrouvent de toutes parts dans le sol; à diverses époques, et dans plusieurs parties de la ville, en faisant des fouilles à une certaine profondeur, on a trouvé des vestiges d'édifices, des objets antiques, des médailles, qui ne laissent aucun doute sur l'époque à laquelle ils remontent.

seur d'un grain d'orge; quatre grains couchés l'un contre l'autre, faisaient un doigt; quatre doigts, trois pouces ou une palme; quatre palmes, un pied; cinq pieds, un pas; 125 pas, un stade; huit stades, un milliaire; deux milliaires, la lieue :

Quatuor ex granis digitus formabitúr unus.
Est quatuor in palmo digitus, quatuor in pede palmus,
Quinque pedes passum faciunt, passus quoque centum
Quinque viceni stadium dant ; sed milliare
Octo dabunt stadia, et duplicatum dant tibi leucám.

On se bornera à rappeler ici qu'à une époque récente (1847), en construisant la nouvelle halle, on trouva plusieurs médailles datant des règnes des premiers empereurs. Vers la même époque, quand M. Bertrand, propriétaire de la maison appelée le Château, faisait creuser les fondations de l'aile qu'il a ajoutée à cet édifice du côté du levant, on arriva à une profondeur de sept à huit mètres, et bien au-dessous des fondations de l'ancien château, jusqu'à l'aire d'un édifice qui avait dû être assez vaste et où se trouvaient des débris de colonnes. Pendant ces dernières années, on a découvert divers tombeaux dans les jardins situés au bas de la ville, auprès du chemin des *Verds* et au-dessous de la rue *Blanche-Fleur*. C'étaient des cercueils composés de grandes pièces de brique moulée, et, soit dans ces cercueils, soit à côté, étaient des médailles, des lampes funéraires, des coupes en terre noire et rouge, et des objets en verre tels que fioles et gobelets. L'auteur de cette notice a en son pouvoir quelques-uns de ces objets, et notamment un gobelet en verre moulé tout à fait intact ; sa forme est étroite et allongée ; il porte l'empreinte de cinq figures en pied de divinités païennes ; Pallas, Mars, Vulcain, Bacchus et un satyre. Malheureusement, jusqu'ici, on a laissé disperser et enlever par des amateurs étrangers, les objets trouvés, et surtout les médailles, dont quelques-unes seulement sont restées dans le pays. En écrivant ces lignes, j'ai sous les yeux des monnaies en bronze d'Auguste, de Vespasien, de Domitien, de Trajan, des Antonins, etc., et une médaille en argent de Trajan, au revers de laquelle se voit un guerrier couvert de son casque et de sa cuirasse, qui tient dans une main une statue de la Victoire et dans l'autre une espèce de sceptre. Ces monnaies ont toutes été trouvées dans divers endroits de la ville.

Il existe fort peu d'inscriptions antiques à Bourgoin. Toutefois, on trouve dans la vieille église de Jailleu un cippe funéraire qui sert de support à la coupe du grand bénitier, et sur lequel on déchiffre encore ce fragment d'inscription :

POMPEIAE
JVNIORIS. FIL
JVNICILLAE.
PATER PIISSIME

Le reste de l'inscription est enfoui dans le pavé avec la base du cippe. La hauteur des lettres est de dix centimètres, et leur caractère paraît démontrer que l'inscription n'est pas d'une époque de décadence.

Ajouterai-je ici que tout près de Bourgoin on a rencontré des vestiges précieux remontant à la plus brillante époque de la période romaine, et qui dénotent que cette vallée était semée d'habitations et de villas somptueuses? — Il y a environ trente ans, des découvertes nombreuses furent faites à la Grive, tout près de la grande route de Lyon, et depuis quelques années, à Ruffieu et à Boussieu, on a déterré des mosaïques, des restes d'aquéducs, des médailles, des fragments de statues en marbre et de nombreux débris d'édifices antiques. La plupart de ces objets ont été détruits ou dispersés; cependant en en conserve encore quelques-uns.

Tous ces documents, tous ces vestiges d'un passé lointain, établissent jusqu'à la dernière évidence non seulement l'antiquité de Bourgoin, mais encore le degré d'importance qu'avait cette ville à l'époque romaine.

II.

Bourgoin sous les Bourguignons, sous les rois Francs, sous les rois d'Arles et de Vienne. — Formation des petites principautés. — Comtes de Savoie. — Baronnie de la Tour.

Sous les Romains, le pays des Allobroges, dans lequel se trouvait Bourgoin, faisait partie de la province Viennoise, et après l'établissement des Barbares dans les Gaules, au commencement du ve siècle, il tomba sous la domination des Bourguignons, jusqu'à la chute du premier royaume de Bourgogne, arrivée vers l'an 535. La destruction de ce royaume fut la conséquence d'une grande défaite que les Bourguignons, conduits par Gondemar, leur dernier roi, essuyèrent en combattant contre les Francs, dans la plaine de Vezeronce, à trois lieues de Bourgoin (527). Clodomir, l'un des fils de Clovis et roi d'Orléans, perdit la vie dans cette mémorable bataille. Au moment où les Bourguignons commençaient à fuir, ce prince, emporté par son ardeur, se précipita à leur poursuite et se laissa envelopper par un parti d'ennemis qui fit volte-face et le tua. La petite éminence où périt Clodomir, et sous laquelle, peut-être, il a été enseveli, a conservé jusqu'à nos jours le nom de *Mollard de Koane*, c'est-à-dire *mollard* du roi (1).

(1) V. sur la bataille de Vezeronce, Chorier, t. 1er, p. 595. Le mot ancien et fort usité en Dauphiné de MOLLARD, si-

Depuis lors Bourgoin, comme le reste de la contrée, resta soumis à la domination des rois Francs des première et deuxième races, jusqu'à la division de l'empire de Charlemagne entre les trois enfants de Louis-le-Débonnaire.

A l'époque de Charlemagne, Bourgoin n'avait pas cessé d'être une localité d'une certaine importance : saint *Adon* ou *Odon*, évêque de Vienne, qui a vécu de l'an 800 à l'an 875, né dans la province Viennoise, était un des plus savants personnages de ce temps; il a laissé plusieurs ouvrages, et notamment une chronique latine, un martyrologe et une vie de saint Theudère. Dans un de ses écrits cité par Guy-Allard, il parle ainsi de Bourgoin : « C'est une petite » ville qui porte ce nom, parce que les Bur» gondes ou Bourguignons s'y sont établis. (*Vil» leta est quæ dicitur Burgunaria, eo quod ibi » Burgundiones habitaverunt*). »

gnifie petite éminence. Les TUMULI qu'on rencontre en certains endroits et qui servaient de sépultures, sont aussi appelés MOLLARDS. Le mot KOANE est dérivé d'un mot celtique ou germanique qui signifie ROI ou CHEF.

L'explication que donne ici Adon, sur l'origine du nom de Bourgoin, paraît fort hasardée ; cependant il est certain que le nom de *Bergusia* ou *Bergusium* avait dès-lors subi des modifications, car dans tous les documents officiels du moyen-âge, Bourgoin n'est jamais désigné que sous le nom de *Burgundium.*

Par le partage de l'empire de Charlemagne, entre les enfants de Louis-le-Débonnaire, la province Viennoise fut, avec d'autres contrées, attribuée à Lothaire, l'un d'eux. Après la mort de celui-ci (855), ses états furent divisés entre ses propres enfants, et tout le pays situé entre le Rhône, les Alpes et la mer, fut dévolu à Charles, sous le nom de Royaume de Provence ; il mourut bientôt sans enfants en 863, et Charles-le-Chauve, son oncle, s'empara de Vienne et des contrées voisines, dont il confia le gouvernement au comte Bozon, son beau-frère. Celui-ci profita des désordres qui s'élevèrent en France à la suite de la mort de Louis-le-Bègue, successeur de Charles-le-Chauve, pour se faire élire roi des provinces dont il avait le gouvernement, par une assemblée de prélats et de seigneurs (879). Son fils Louis lui succéda en 887, mais bientôt, par un traité conclu avec Rodolphe, roi de la Bourgogne transjurane, qui embrassait une partie de la Franche-Comté, du Genevois et de la Suisse, les pays connus plus tard sous les noms de Dauphiné et de Provence, furent cédés à Rodolphe, et ainsi se trouva formé le deuxième royaume de Bourgogne appelé aussi royaume d'Arles et de Vienne. Ce royaume resta au pouvoir de Rodolphe et de sa postérité jusqu'en 1032, époque à laquelle Rodolphe III disposa de ses états en faveur de Conrad-le-Salique. Telle est l'origine des droits de haute souveraineté que les empereurs d'Allemagne ont eu pendant long-temps sur nos contrées.

Mais Conrad n'avait acquis sur les provinces du royaume d'Arles et de Vienne qu'une souveraineté presque illusoire. L'éloignement de ses principaux états, les soins et les embarras de toute nature qui l'y retenaient, l'empêchaient nécessairement d'exercer une autorité sérieuse sur les nouveaux pays annexés à son empire. Divers personnages puissants et habiles profitèrent de ces circonstances pour se créer des principautés indépendantes et un pouvoir absolu, quoique la suzeraineté de l'empereur n'ait jamais cessé d'être reconnue.

Parmi les seigneurs qui s'arrogèrent ainsi une autorité presque sans limites sur une certaine étendue de pays, figuraient en première ligne les comtes de Maurienne (depuis comtes de Savoie) et les comtes d'Albon. Ceux-ci, qui tiraient leur nom d'un château situé dans le Bas-Viennois, ne tardèrent pas à se former un état puissant dans la vallée de l'Isère et dans les pays qui ont composé le Haut-Dauphiné. Guigues-le-Vieux fut le premier qui, vers l'an 1040, établit la puissance des comtes d'Albon dans la vallée de Graisivodan. Il fut la tige des dauphins de la première race.

Ce fut à la même époque que les seigneurs

de la Tour-du-Pin durent fonder leur autorité sur le territoire qui environnait leur résidence, et se créer une principauté dans laquelle Bourgoin s'est trouvé compris plus tard.

En même temps que ces principautés se formaient, des seigneuries d'un ordre moins relevé se créaient aussi sur certaines villes, bourgs ou villages, et ceux qui s'en étaient établis les maîtres, avaient sur ces terres et sur leurs habitants un pouvoir aussi entier et aussi despotique que celui de leurs voisins plus puissants. Au nombre de ces seigneurs d'un ordre secondaire, Chorier mentionne avec raison ceux de Maubec, dont l'autorité s'étendait sur plusieurs localités (1). Il ne paraît pas, toutefois, que Bourgoin ait jamais été sous la dépendance des seigneurs de Maubec.

(1) V. Chorier, tome 1er, pag. 775.

III.

La baronnie de la Tour-du-Pin. — A quelle époque Bourgoin en a fait partie. — Réunion de la baronnie de la Tour au Dauphiné.

—

Avant sa réunion avec le Dauphiné, qui s'opéra en 1281, la baronnie de la Tour avait acquis successivement une grande importance, et il est à remarquer qu'elle resta complètement indépendante de l'autorité et de la suzeraineté des Dauphins, jusqu'au moment où les barons de la Tour devinrent eux-mêmes souverains du Dauphiné.

« On peut juger, dit Valbonnais, du rang » que la maison de la Tour a tenu parmi les » maisons souveraines, par les grandes terres » qu'elle a possédées. La baronnie de la Tour, » qui était son ancien patrimoine, confinait les » états de Savoie et de Dauphiné. L'île de Crémieu y était comprise, ainsi que les terres de » la Tour-du-Pin, Quirieu, Bourgoin, Maubec,

» Faverges, Falavier, Saint-Jean-de-Bournay, » Châtonnay, Meyzieu, Pusignan, les Eparres, » Virieu, Dolomieu, Anthon. Elle s'étendait » fort avant dans la Bresse et dans le Bugey. La » Valbonne et Coligny étaient de ses dépendan- » ces. Les barons de la Tour tenaient leurs » terres en franc-alleu, et ne voulaient point y » reconnaître la supériorité des comtes de Sa- » voie, qui, en quelques occasions, avaient » prétendu qu'une partie était de leur mou- » vance (1). »

Si la ville et la terre de Bourgoin ont fait partie de la baronnie de la Tour, tout porte à penser que ce ne fut pas dans les commencements, mais seulement vers l'époque où la puissance des barons de la Tour atteignit son plus haut degré.

Les derniers seigneurs de Bourgoin dont les noms soient parvenus jusqu'à nous, s'appelaient Burnon et Sinfroy ; ils vivaient en 1202 et possédaient en commun cette terre. On les

(1) Valb., tom. 1er, pag. 155.

voit figurer en ce temps-là comme arbitres dans un grave débat qui s'était élevé entre l'abbaye de Bonnevaux et les chartreux du couvent d'Ecouges ; ce différend fut réglé par leur médiation. Chorier, qui mentionne cet arbitrage, se borne à en cônclure qu'à cette époque Bourgoin avait des seigneurs particuliers, et il ajoute : « Mais ils étaient vassaux des barons de la Tour, » qui, depuis, réunirent la ville de Bourgoin à » leur domaine par droit de fief (1). »

Cependant il faut remarquer qu'en 1269, on voit Philippe, comte de Savoie, par un pacte avec Albert de la Tour, lui remettre, à titre de fief, toutes les acquisitions que Pierre de Savoie, frère du comte, a faites sur la terre de Bourgoin, ce qui tend à démontrer que c'est seulement à partir de cette époque que la maison de la Tour a acquis des droits sur Bourgoin, et que, contrairement à la supposition de Chorier, c'est au pouvoir de la maison de Savoie que la seigneurie de Bourgoin avait passé, après

(1) Voy. Chorier, tom. 2, pag. 88.

l'extinction de ses seigneurs particuliers, soit par droit de fief, soit autrement (1).

On est d'autant plus disposé à croire que c'est des comtes de Savoie, comme plusieurs autres terres voisines, que la seigneurie de Bourgoin relevait primitivement, qu'il résulte d'une reconnaissance passée en 1273, qu'Humbert Ier de la Tour se déclara le vassal de Béatrix de Savoie, pour plusieurs fiefs, parmi lesquels on voit figurer Bourgoin, dont l'hommage avait été légué à Béatrix par Pierre, comte de Savoie, son père. D'un autre côté, on a la copie d'un traité passé en 1293, aux termes duquel Amédée comte de Savoie, renonçe en faveur d'Humbert Ier de la Tour, à la suzeraineté qu'il avait sur diverses terres, et notamment sur le *Château de Bourgoin* et son mandement, en échange d'autres concessions qui lui sont faites (2).

La puissance des barons de la Tour, nous l'avons vu, n'avait cessé de s'accroître. Albert III, l'un d'eux, par son mariage avec Béatrix de

(1-2) Valb., tom. 1er, pag. 168 et 169.

Coligny, avait réuni à sa souveraineté l'importante terre de Coligny et ses dépendances. En 1257, Alphonse, roi de Castille, qui venait d'être nommé empereur d'Allemagne, conférait à ce même Albert, vassal de l'empire, la dignité de sénéchal de son royaume d'Arles et de Vienne, dignité purement honorifique, qui fut ensuite confirmée par d'autres empereurs, en faveur des successeurs d'Albert, après la réunion de la baronnie de la Tour au Dauphiné (1).

Albert IV avait remplacé son père Albert III. Il mourut sans enfants en 1269. C'est lui qui acquit des comtes de Savoie une partie des droits qu'ils avaient sur Bourgoin, acquisition qui fut complétée en 1273, par l'abandon que fit en faveur d'Humbert Ier, Amédée de Savoie, de ses droits de suzeraineté sur la même ville.

Sous Humbert Ier, frère et successeur d'Albert IV, l'illustration de la maison de la Tour prit un plus grand essor.

L'étendue de ses possessions lui avait permis

(1) Valb., tom. 1er, pag. 121 et 166.

d'aspirer à la main d'Anne de Bourgogne, sœur du Dauphin Jean Ier. Ce mariage fut conclu en 1273 ; on voit dans le traité qui fut dressé à ce sujet, qu'Humbert, outre le douaire en usufruit qu'il assure à son épouse, lui donne à perpétuité, dans le cas où elle lui survivra, les châteaux de Bourgoin et de Luys, avec leurs mandements et dépendances. Cette donation ne produisit aucun effet, par la suite, parce qu'après la réunion de la baronnie de la Tour au Dauphiné, les possessions d'Anne et de Humbert durent passer à Jean II, leur successeur commun (1).

En 1281, survint la mort du jeune dauphin Jean Ier, fils de Guigues VII et de Béatrix de Savoie, dernier rejeton mâle de la maison de Bourgogne, deuxième race des Dauphins. Il ne laissait point d'enfants. Par cette mort prématurée, Anne de Bourgogne et Humbert de la Tour furent appelés à la souveraineté du Dauphiné, et depuis ce temps-là la baronnie de la

(1) Valb., tom. 1er, pag. 198.

Tour, et Bourgoin qui en faisait alors partie, se trouvèrent annexés sans retour à cette souveraineté.

Humbert, prince habile et actif, qui fut la tige de la troisième race des Dauphins, et qui gouverna jusqu'en 1307, songea aux moyens de prévenir le démembrement de ses états après sa mort.

« Dans cette vue, dit Valbonnais, il unit la
» baronnie de la Tour à l'ancien domaine des
» Dauphins, afin que l'un et l'autre fussent tou-
» jours sous la domination d'un même prince,
» sans pouvoir jamais être séparés. Albert d'Au-
» triche empereur, par des lettres qu'il accorda
» en 1305, confirma cette union. Les priviléges
» dont jouissait le Dauphiné, devinrent com-
» muns à la baronnie de la Tour. Albert, par
» d'autres lettres, assura au Dauphin les préro-
» gatives dont ses ancêtres avaient joui par con-
» cession des empereurs, et nommément la di-
» gnité de sénéchal du royaume d'Arles et de
» Vienne, accordée autrefois à Albert de la

» Tour, et depuis confirmée à Humbert par » l'empereur Rodolphe (1). »

IV.

Charte d'affranchissement donnée aux habitants de Bourgoin, en 1298.

Un fait mémorable dans l'existence de Bourgoin, se rattache au gouvernement du Dauphin Humbert Ier. Je veux parler des libertés et franchises que ce prince accorda à cette ville, et qui sont consignées dans une charte en date du 6 août 1298.

Cette concession ne fut que la conséquence du mouvement général qui poussait partout, depuis près de deux siècles, à l'affranchissement des communes.

(1) Valb., tom. 1er, pag. 261.

A cette époque de désordre et d'oppression, dans nos contrées comme dans beaucoup d'autres, les habitants non nobles du territoire d'une seigneurie étaient, en général, ce qu'on appelait *serfs* ou *gens de main-morte*, ce qui les soumettait à l'arbitraire le plus absolu. La liberté de leurs personnes et la disposition de leurs biens subissaient des entraves sans nombre. Ils n'avaient pas la faculté de quitter la terre à laquelle ils étaient attachés. Ils étaient *taillables et exploitables à merci*, c'est-à-dire soumis à des exactions sans autres limites que la volonté du seigneur. Ils ne pouvaient transmettre leurs biens qu'à leurs enfants, et encore en souffrant des prélèvements au profit du seigneur ; s'ils mouraient *sans hoirs procréés de leurs corps*, le seigneur seul leur succédait au préjudice de leur famille (1).

(1) Nous avons sous les yeux la copie d'un pacte de 1320, où l'on voit Hugues de Bressieu vendre à Henri de la Tour, seigneur de Vinay, « les hommes taillables et exploitables à merci » qui sont dans sa terre de Cessieu, avec leur

Dans les agglomérations un peu nombreuses d'habitants, ces abus étaient moins graves que dans les campagnes. Successivement, les habitants des villes et des bourgs étaient parvenus à faire relâcher, de gré ou de force, les liens qui les enveloppaient, et à obtenir certaines garanties d'indépendance. Les seigneurs avaient, du reste, intérêt à les ménager et à composer avec eux ; car, pour soutenir les guerres continuelles qu'ils se faisaient entr'eux, et pour résister aux attaques à main armée dont leurs bourgs et châteaux étaient sans cesse l'objet, ils étaient obligés d'armer les habitants, qui, par là même, devenaient redoutables pour leurs maîtres. Les chartes d'affranchissement qu'ils leur accordaient, n'étaient souvent que la consécration et la régularisation d'un état de choses existant

postérité. (Los meyers de Saysseu et homagia eorumdem, taillabiles et expleytabiles, cum posteritate eorumdem, ad voluntatem et misericordiam dicti domini.) Le notaire qui constate cet accord s'appelait Barbier ou Barbery, et était de Bourgoin. (Coràm Antonio Barberii, de Burgundio, notario). V. Valb., t. 1er, p. 81 et 208.

déjà en fait. Enfin, les seigneurs trouvaient toujours le moyen, en accordant ces franchises, de ménager leurs intérêts, soit en se faisant acheter leurs chartes à prix d'argent, soit en stipulant à leur profit des droits et des amendes dans une multitude de cas.

Antérieurement à la charte de 1298, des libertés et franchises analogues avaient été concédées à d'autres localités du Dauphiné. On peut citer entr'autres les libertés et franchises accordées aux habitants de Moirans, par Berlion, leur seigneur, en 1164; celles qu'en 1244 l'évêque et le dauphin Guigues donnaient aux habitants de Grenoble, et celles qu'obtinrent les habitants de Saint-Georges-d'Espéranche, des comtes de Savoie, en 1291. D'autres sont d'une date postérieure. Parmi celles-ci figurent celles accordées aux habitants de la Tour-du-Pin, par le dauphin Jean II, en 1315, et celles que Jacques de Roussillon, seigneur de Montbreton, donna aux gens de ce lieu en 1376.

Le texte de la charte de Bourgoin est conçu

en latin, c'est-à-dire en ce latin qu'on a si justement désigné sous le nom de *basse-latinité*. Je traduis littéralement ici son préambule, en tâchant de conserver la physionomie du texte :

« Au nom de la sainte et indivisible trinité
» du Père, du Fils et du Saint-Esprit, amen;
» — Nous, Humbert, dauphin de Viennois,
» comte d'Albon et seigneur de la Tour, à tous
» présents et à venir auxquels les présentes
» lettres parviendront, salut, et faisons savoir
» ce que nous avons fait, pour que les choses ci-
» après écrites ne puissent par la suite du temps
» s'effacer de la fragile mémoire des hommes.

» Que tous ceux à qui les précédentes pages
» seront soumises, sachent donc que nous, sus-
» dit dauphin, prenant en considération la sou-
» mission et les services dont nous et nos pré-
» décesseurs avons eu à nous louer de la part
» de nos chers et fidèles hommes et habitants
» de notre ville de Bourgoin, et tout ce qu'ils
» s'efforcent de faire chaque jour, avec la plus
» sincère volonté, pour nous être agréables et

» mériter la bienveillance et la faveur de nous » et des nôtres ; — de l'avis des barons et autres » nobles de notre terre, en notre nom et en » celui de nos successeurs, nous avons affran- » chi et complétement et à toujours rendu libres » notre susdite ville de Bourgoin et tous ses » habitants, présents et futurs, de tout sexe et » de toute condition, existant dans les limites » ainsi fixées, savoir : *Entre les terreaux ou » fossés qui font la clôture de ladite ville, à l'o- » rient et à l'occident, en largeur, et depuis le » château de Beauregard jusqu'à la mère-rivière » de Bourbre, en longueur, en tirant droit et en » confinant, à partir des lieux qui viennent » d'être indiqués, aux quatre angles de la ville* (1). » Voulant et accordant de notre grâce, que tous » ceux qui habitent ou habiteront par la suite

(1) Videlicet à terraliis seu fossatis qui faciunt clausuram dictæ villæ, ab oriente et occidente, in latitudine, et à castro Belliregardi, usquè ad matrem aquæ de Borbio, in longitudine, rectè procedendo et confinando, à locis prædictis, ad quatuor angularia dictæ villæ....

» dans les limites qui viennent d'être indiquées,
» soient francs et exempts de toute taille, col-
» lecte ou exaction illicite, et que les mêmes
» habitants, de quelque sexe et de quelque con-
» dition qu'ils soient, restent avec tous leurs
» biens et choses, et soient pour toujours tels
» qu'il vient d'être dit, vis-à-vis de nous et de
» nos successeurs; — et nous les prenons eux-
» mêmes sous notre protection, garde, domi-
» nation, gardage et direction, promettant de
» bonne foi, pour nous et les nôtres, que nous
» garderons, maintiendrons, défendrons et con-
» serverons pareillement les susdits habitants
» de ladite ville, avec tous leurs biens et choses,
» à quelque endroit qu'ils puissent se trouver,
» dans les lieux soumis à notre autorité. »

Les soixante-cinq articles qui suivent ce préambule, contiennent tout à la fois des explications détaillées sur la portée des franchises concédées, des règles de police, et un tarif des amendes au moyen desquelles presque toutes les peines peuvent se racheter.

J'aurais donné ici le texte des articles, mais les matières s'y trouvent mélangées dans un tel désordre, et disposées avec une telle incohérence, qu'il faut beaucoup d'attention pour les rétablir dans leur ordre naturel et logique. Je me bornerai donc à présenter seulement le résumé des dispositions de ce statut lócal. Il donnera une idée de l'état de choses qui existait dans le pays, et des usages du temps :

Désormais, si un habitant de la ville meurt sans enfants légitimes, et intestat, le seigneur n'a rien à prétendre dans sa succession, qui est dévolue tout entière aux plus proches parents du défunt. Il en sera ainsi alors même que le défunt aura été puni de mort pour quelque crime, si ce n'est dans les *quatre cas réservés*, c'est-à-dire, *le meurtre, le vol à main armée, la trahison et l'hérésie.* Aucun droit ne sera payé au seigneur à raison des contrats d'échange, ni pour les successions en ligne directe et les donations intervenues entre père et fils, ni pour les donations et successions entre frères et sœurs pendant que l'indivision subsiste entr'eux. Pour toutes les autres mutations de biens à titre gratuit même entre étrangers, il ne sera dû au seigneur que vingt deniers viennois par livre, du montant de l'estimation. En cas de vente, le droit de *lods et vends* sera perçu par le seigneur, sans qu'il puisse retenir pour lui la chose vendue. — Les habitants de la ville ne seront tenus à aucun droit de *Leyde* à raison des denrées et grains qui leur appartiennent. — Les marchands pourront, sans payer aucuns droits, exposer leurs marchandises devant leurs boutiques, et ne pourront être contraints à les apporter au marché seigneurial. — Il ne sera dû aucun droit pour les ventes de bestiaux faites par les habitants autres que ceux qui en font le commerce. — Les habitants sont exemptés désormais des droits féodaux d'affenage, d'avenage et de civérage, et de toute corvée. — Enfin, il est défendu au châtelain de prendre ou faire prendre sous quelque prétexte que ce soit, la volaille, le bois, le foin, ou tout autre chose appartenant à un habitant, sans le consentement du propriétaire.

La charte règle ensuite ce qui est dû au seigneur sur le commerce du bétail. — Les bouchers doivent lui réserver les langues de bœufs (*non celles des vaches*) et les filets de porcs, et observer les *autres bons usages* de la même nature. (*Macellarii debent solvere domino linguas bouum, et lumbos porcorum, et alia bona usagia consueta, exceptis vachiis.*)

De sages mesures sont prises pour assurer la liberté, la sécurité et la bonne foi du commerce que les habitants ont la faculté d'exercer, soit dans la ville, soit dans tous les états du Dauphin, qui leur promet aide et protection. — Des peines sont prononcées contre ceux qui font usage de faux poids ou de fausses mesures, ou qui trompent sur la nature de la marchandise. — Les bouchers ne peuvent vendre de la truie pour du porc, ni de la chèvre ou de la brebis pour du mouton, ni des chairs de bêtes malsaines, et ni eux, ni les autres marchands de denrées alimentaires ne doivent se coaliser, ni s'associer, si ce n'est au nombre de deux. — Il est interdit au châtelain du seigneur de faire ni par lui, ni par d'autres, aucun acte de commerce dans la ville.

La charte règle aussi d'une manière détaillée ce qui est relatif aux gages mobiliers ou immobiliers fournis pour la sûreté des prêts et des transactions. — Elle prend des précautions pour que le créancier n'abuse pas de la position du débiteur; elle accorde des délais pour que celui-ci puisse retirer le gage en se libérant même après la vente de l'objet engagé.

Le seigneur s'engage à faire garder les bois de la ville, et surtout la forêt du seigneur *de Ver (domini del Ver)*, afin que personne ne puisse y exercer des dévastations.

Les habitants de Bourgoin auront la pleine faculté de chasser partout, si ce n'est dans les clapiers et garennes du seigneur, à la condition expresse que le gibier tué ne sera vendu que dans la ville; ils sont dispensés désormais de se mettre en campagne et de monter à cheval, si ce n'est pour la propre guerre du seigneur, *(in exercitum equitatum seu cavalcatam ire, minimè teneantur, nisi pro propriâ guerrâ domini)* à moins que celui-ci ne soit assiégé, cas auquel ils doivent marcher et vivre à leurs frais; et si le seigneur fait lui-même un siège, il devra pourvoir à leurs besoins pendant les huit premiers jours, et ensuite ils vivront aux dépens du chef qui les conduira, ou de la manière que fixera le seigneur; — Ils sont tenus de faire à tour de rôle le guet ordinaire et extraordinaire *(gaytam et escargaytam)* pour la garde de la ville; mais ils ne pourront être envoyés en garnison dans d'autres places; toutefois le maître de maison dont la femme ou la fille est en couches, est dispensé, soit du service militaire, soit du guet, jusqu'après les relevailles *(donec puerpera audivêrit missam)*.

La charte fixe dans les plus grands détails les délits et contraventions qui donneront lieu à une amende au profit du seigneur. Cependant, et sauf les *quatre cas réservés*, le seigneur s'interdit à lui-même et à son châtelain la faculté d'informer à raison des crimes et délits, et d'en poursuivre d'office les auteurs, si ce n'est sur la plainte formelle de la partie lésée. — Lorsque la plainte aura été portée et l'amende infligée, si cette amende n'est pas payée, le coupable sera puni d'une peine arbitraire. — Pour le délit d'adultère, ceux qui en seront convaincus, paieront 60 sols d'amende au seigneur, ou seront forcés de courir nuds, dans la principale rue de la ville *(solvant sexaginta solidos domino, vel currant nudi per magnam carrieram)*.

Quand il s'agira d'imposer une contribution pour faire face aux besoins de la communauté, les habitants éliront quatre d'entr'eux, qui, avec l'autorisation du seigneur ou de son châtelain, détermineront le montant de cette contribution, et la répartiront équitablement entre tous, selon les facultés de chacun *(super divitem magis, et super pauperem minus)*. Le châtelain forcera au paiement de la taxe, quand il en sera requis, ceux qui seront en retard. Tous ceux qui auront une maison dans la ville, qu'ils soient chevaliers, nobles, clercs ou prêtres, excepté le chapitre, seront soumis à cette contribution dont ne seront pas même exempts les officiers et serviteurs du seigneur. Parmi les dépenses qui pèsent sur la communauté, figurent celles de l'entretien et des réparations des murs d'enceinte et des portes.

Tous ceux qui viendront construire ou acquérir une maison dans la ville, de quelque part qu'ils viennent, jouiront des mêmes franchises et priviléges que les bourgeois; mais ils seront soumis comme eux aux charges de la communauté, et au serment dont il va être parlé.

Si quelque habitant veut quitter la ville pour aller se fixer ailleurs, il pourra emporter tout ce qu'il possède et recevra un *sauf-conduit* du seigneur.

Chaque habitant, dès qu'il aura atteint l'âge de puberté, jurera de conserver et de défendre les libertés et franchises de la ville, toutes les fois qu'il en sera requis par ses concitoyens, et le seigneur promet pour lui et ses successeurs d'exiger rigoureusement la prestation de ce serment.

Enfin, pour garantir de plus en plus les habitants de Bourgoin contre toute entreprise, de quelque part qu'elle vienne, qui tendrait à violer en tout ou en partie les prérogatives et la sécurité qui leur sont assurées, le seigneur dauphin déclare que si quelqu'un fait une injure à un habitant de la ville ou lui enlève violemment ce qui lui appartient, les autres bourgeois et habitants pourront venir en aide à leur concitoyen lésé, et le défendre, lui et son bien, sans avoir à redouter aucune punition du seigneur.

Voilà, en raccourci, le sens exact et la portée de la charte de 1298 qui fut confirmée plusieurs fois par les rois dauphins, savoir : au mois de mai 1497, par le roi Charles VIII ; au mois de septembre 1548, par Henri II ; le 13 mai 1603, par Henri IV, et au mois de décembre 1622, par Louis XIII.

V.

Étendue de la ville au treizième siècle. — Château de Beauregard. — Hôpital. — Commanderie de Saint-Antoine. — Églises de Bourgoin et de Jailleu.

—

L'analyse de la charte de 1298 démontre que les libertés et franchises reconnues par le dauphin Humbert Ier, seigneur immédiat de Bourgoin, en faveur des habitants de cette ville, n'étaient point illusoires, et qu'en définitive, des exemptions et des prérogatives essentielles leur étaient assurées. Le droit et la liberté de chacun étaient formellement placés sous la sauvegarde de tous, et si l'on compare la charte de Bourgoin à d'autres du même temps, il est facile d'apercevoir que nos ancêtres avaient su obtenir de très-bonnes conditions.

Différents passages de cette charte indiquent que, dès avant 1298, la ville était entourée de murailles et de fossés. Cette indication fournit le moyen de reconnaître quelle était l'ancienne étendue de son enceinte fortifiée ; car, bien que les murailles aient disparu depuis longtemps, il en existe encore des vestiges. La porte de l'Hôpital, qui est encore debout, se trouve mentionnée dans un albergement passé le 8 août 1367, par Aimard de Heleric, châtelain de Bourgoin, à Antoine Viennois, d'un certain emplacement entre cette porte et le fossé de la ville *(quamdam petiam anglare portæ hospitalis, juxtà terraliorum aquam dictæ villæ)*. Ce point connu, il est facile de déterminer les autres. Beaucoup de personnes encore vivantes ont vu les vestiges des trois autres portes, dont l'une était vers l'entrée de la place d'Armes, à l'issue de la rue Marchande, l'autre vers l'hôtel de la Mairie, et la dernière, dite Porte de Vienne, du côté du couchant, à l'extrémité de la rue du Tribunal. Si l'on tient compte de ce que, dans les villes de cette époque, les rues étaient étroites, les logements peu vastes et la population pressée, on peut voir qu'au temps où nous reportons nos souvenirs, Bourgoin était un très-gros bourg.

Le château de Beauregard (*Belliregardi*, comme dit la charte) qui dominait Bourgoin, était l'ancienne forteresse de ses seigneurs. L'étendue des ruines qui existent encore, l'épaisseur et la solidité de ses murs, prouvent que c'était une place assez forte. Tout semble, au surplus, démontrer que sa construction remontait à un temps fort reculé. A l'un des angles de l'enceinte de ce château, on découvrit, il y a quelques années, l'orifice d'un puits large et profond qui fut déblayé, et duquel on retira une grande quantité de décombres, des morceaux de charpente portant les traces du feu, d'énormes boulets de pierre pareils à ceux qu'on rencontre chaque jour au pied du côteau, et qu'on lançait autrefois avec des balistes. On y trouva aussi des fers de lances et de flèches, des éperons de chevaliers et quelques monnaies viennoises. La nature de plusieurs de ces objets qui existent encore, indique que le vieux manoir de *Burnon* et *Sinfroy* fut ruiné avant l'époque où l'emploi de la poudre et de l'artillerie devint d'un usage général.

Cependant, des documents qui existent dans les archives de l'ancienne Cour des comptes du Dauphiné, indiquent que le château de Beauregard était encore debout en 1343 et en 1347. Lorsque Humbert II eut fait pour la première fois donation du Dauphiné à Jean, fils de Philippe de Valois, pour n'en jouir qu'après lui, il renouvela les nominations des baillis et des châtelains dans toutes les parties de sa souveraineté, et leur fit prêter serment. Dans le procès-verbal qui fut dressé à ce sujet, le 31 juillet 1843, en présence des commissaires du roi, on voit figurer Gaillard de Voissanc comme châtelain du château de Beauregard et de la châtellenie de Bourgoin (*Item, dominus Dalphinus castrum et Burgum Belliregardi, et Burgundii castellaniam Gaillardo de Voisenco, domicello, qui juravit*, etc.) (1). Au commencement de 1347, le dauphin Humbert II était éloigné du Dauphiné et guerroyait en Asie contre les Turcs. Le comte de Savoie, profitant

(1) Valb., tom. 2, p. 462.

de son absence, menaçait de ses hostilités les terres dépendant de la baronnie de la Tour. Henri de Villars, régent du Dauphiné, prit des mesures pour repousser ses attaques, et il envoya des commissaires pour visiter les châteaux-forts du *Viennois terre de la Tour*, et les faire mettre en état de défense. Dans leur rapport, les commissaires mentionnent le résultat de leur visite au château de Beauregard, où ils arrivèrent le dimanche 22 janvier 1347. Ils le trouvèrent bien gardé, sous le commandement du châtelain Gaillard de Voissanc; il était pourvu de machines de guerre, d'armes et de vivres. Ils se bornèrent à prescrire qnelques réparations peu importantes et l'acquisition d'une certaine quantité de gros traits de fer qu'on lançait avec des balistes (*Item, die dominico sequenti, visitaverunt dicti commissarii apud Burgundium, ubi invenerunt Gallardum de Voysenco castellanum dicti loci, ejus fratrem et tres clientes et duas gaytas. — Item, invenerunt eum bene munitum de arnesiis, victualibus et aliis rebus necessariis; — et injunctum fuit dicto castellano quod se provideat de dymidio millesio carellorum cum impensis domini. — Item fuit eidem injunctum quod faciat præparari et emendare quamdam parietem fusteam in hospicio dicti castelli fractam et dirrumptam, cum impensis domini).*

Dans ces temps si éloignés de nous, Bourgoin possédait déjà un hospice situé à peu près à la même place que l'hopital moderne. Son existence mentionnée dans l'albergement de 1367, dont il a été question ci-dessus, se trouve attestée par un titre beaucoup plus ancien, puisqu'il remonte à 1292. — Ce titre nous apprend que le Dauphin Jean 1er, mort en 1281, avait légué une rente de vingt-cinq livres viennoises à l'ordre hospitalier de Saint Antoine en viennois; et que Humbert 1er, en sa qualité de successeur du Dauphin Jean, pour acquitter ce legs, céda en 1292, à l'ordre de Saint-Antoine, représenté par son grand maître, *sa maison hospitalière de Bourgoin* (1).

(1) Valb., tom. 2, p. 23.

Les hospitaliers établis à Saint-Antoine, près de Saint-Marcellin, avaient, dans le principe, une organisation qui présentait de l'analogie avec l'institution primitive des chevaliers de Saint-Jean de Jérusalem; comme ceux-ci, leur but était le soulagement des malades; ils avaient pareillement un grand maître, et diverses maisons qui dépendaient de leur établissement principal portaient le nom de commanderies (1).

La maison hospitalière de Bourgoin, concédée à l'ordre par le dauphin Humbert Ier, devint, avec les biens qui en dépendaient ou qui leur furent annexés par la suite, l'une de ces commanderies. — Par une bulle du pape Boniface VIII, en 1297, les hospitaliers de Saint-Antoine furent réunis aux religieux du prieuré de ce nom et constitués en abbaye chef d'ordre, dont le chef reçut le titre d'abbé, et dès-lors les commandeurs qui dirigeaient les commanderies le firent sous le nom de *prieurs* ou de *prévôts* (*prœpositi*). C'est ce dernier titre que portait,

(1) Valb., tom. 1er, p. 250, et tom. 2, p. 548.

d'après d'anciens documents du XVe siècle, le représentant de l'abbaye de Saint-Antoine, qui était placé à la tête de l'ancienne commanderie hospitalière de Bourgoin (1); toutefois, la maison et les terres de cette prévôté, ont toujours été connues dans le pays sous l'ancienne dénomination, et l'on désigne encore des terres et des prés situés à la sortie de Bourgoin, sur la route de Grenoble, sous le nom de terres et prés de *la Commanderie*. D'autre part, on trouve dans les archives de la mairie de Bourgoin, une délibération prise le 8 novembre 1630, par les consuls et les notables de la ville, qui mentionne que l'assemblée eut lieu dans la maison de *la Commanderie de Saint-Antoine*.

Cette maison de la commanderie et son église furent aliénées en 1646, en faveur d'un monastère d'Ursulines qui existait alors à Bourgoin. Un acte de cette date, qu'on trouve dans les archives de l'hôpital de Bourgoin, constate que le *revérendissime abbé supérieur de l'abbaye de*

(1) Valb., loc. cit.— Guy Pape, question 581.

St-Antoine en Viennois, vend aux religieuses de Ste-Ursule du prieuré de Bourgoin, *les bâtiments de la commanderie et l'église de Saint-Antoine, à Bourgoin.* Ces bâtiments, dont l'emplacement est aujourd'hui occupé par l'hôpital moderne, furent revendus avec l'église, le 12 mai 1727, par les Urselines, qui avaient alors transféré leur couvent à Saint-Marcellin, et ce furent les administrateurs de l'Hôtel-Dieu, qui avait été fondé au moyen de libéralités particulières, vers la fin du XVIIe siècle, qui en firent l'acquisition. L'église de Saint-Antoine qui, seule parmi les bâtiments de l'ancienne commanderie, est restée debout, est un monument du XIVe siècle. C'est un morceau remarquable d'architecture gothique. Construite par les soins des religieux de Saint-Antoine, elle témoigne de l'importance qu'avait autrefois la commanderie de Bourgoin.

Indépendamment de cet édifice, on remarque encore à Bourgoin un monument plus ancien : c'est le clocher de la vieille église paroissiale, isolé aujourd'hui au milieu de la place Saint-Jean, et dont la flèche élancée domine au loin la ville et la vallée. Son architecture romane et une date gravée à l'un de ses angles, indiquent qu'il fut construit vers le commencement du XIIe siècle. Malgré les critiques irréfléchies dont il a été l'objet de nos jours, il serait vraiment regrettable qu'on vint à détruire ce vénérable débris du temple où priaient nos aïeux. Ce clocher si pittoresque, et les vieux murs du château de Beauregard, impriment à l'aspect de la ville une physionomie toute particulière qu'il serait fâcheux de voir disparaître.

L'antique église de Jailleu, qui est menacée d'une prochaine destruction, date pareillement du XIIe siècle; son clocher est plus moderne. Elle offre dans quelques-unes de ses parties, comme l'ont reconnu des archéologues distingués, un des plus beaux types architectoniques du style romano-bysantin. L'abside et le portail d'entrée, sont particulièrement dignes de l'attention des connaisseurs. Il y avait là un très-ancien prieuré de Bénédictins dépendant de l'abbaye de Saint-Chef, à laquelle il fut réuni en 1247 (1).

Guy-Allard, dans son dictionnaire historique manuscrit, nous apprend qu'outre l'église de Saint-Antoine, il y avait anciennement à Bourgoin trois paroisses dédiées à saint Clair, à saint Didier et à saint Jean-Baptiste. La dernière subsiste seule depuis longtemps.

(1) V. la nomenclature des anciens monastères et prieurés du Dauphiné, donnée par M. Pilot, dans l'Almanach de la cour royale de Grenoble pour l'année 1840. — V. aussi Chorier, tome 2, pag. 125.

VI.

Châtelains de Bourgoin. — Prise du château de Maubec. — Guerres particulières des seigneurs. — Manière de rendre la justice criminelle.

Depuis que Bourgoin et le château de Beauregard avaient cessé d'avoir des seigneurs particuliers, ils étaient commandés par un châtelain. La châtellenie ou mandement soumis à l'autorité de ce lieutenant du dauphin, comprenait non seulement la ville et ses dépendances, mais encore les paroisses de Jailleu et de Ruy.

Les châtelains étaient des officiers chargés par les dauphins de commander pour eux dans les châteaux et les terres sans seigneurs particuliers, qui dépendaient de leur souveraineté. Leur charge était un office temporaire ou à vie, et rarement inféodé dans une famille. Ils étaient chargés de veiller à la conservation et à la garde du château et de ses dépendances ; de rassembler, en cas de guerre, les gens de leur châtellenie et de les commander. Pendant la paix, ils avaient pour mission de faire exécuter les ordres du dauphin, de veiller à l'administration de ses biens, et d'assurer le paiement des revenus et des droits seigneuriaux. Ils jugeaient les différends dont l'importance ne dépassait pas 60 sols. Leur double autorité civile et militaire leur donnait une grande importance; aussi, ces fonctions étaient rarement données, dit Chorier, à d'autres qu'à des nobles, et encore à des nobles du plus haut rang et du plus haut mérite. Guillaume de Virieu était châtelain de Bourgoin en 1301, Gaillard de Voissanc occupait la même charge en 1343, et Etienne de Lacour l'avait en 1390 (1).

Pendant que Guillaume de Virieu était Châtelain de Bourgoin, il se passa un événement qui mérite d'être rappelé ici.

Les terres des dauphins et celles des comtes

(1) Val., t. 1er, pag. 102 et 103. — Chorier, t. 1er, p. 859.

de Savoie étaient non seulement contiguës, mais encore enclavées les unes dans les autres, ce qui donnait lieu à des luttes incesssantes. Ces princes et leurs partisans exerçaient réciproquement sur leurs terres des courses et des actes de violence sans fin.

Les possessions des comtes de Savoie s'étendaient jusqu'aux portes de Vienne, et notamment, Saint-Georges d'Espéranche, Saint-Symphorien-d'Ozon et la Côte-Saint-André, étaient soumis à leur autorité. Ils prétendaient à un droit de suzeraineté sur la seigneurie de Maubec et sur ses dépendances; les seigneurs de Maubec ménageaient leurs deux puissants voisins, et se reconnaissaient les vassaux tantôt du comte de Savoie, tantôt du Dauphin (1). En 1301, Guil-

(1) Le traité qui intervint en 1355, après la cession du Dauphiné à la couronne de France, supprima ces causes de guerre incessantes. Le roi dauphin renonça en faveur du comte de Savoie à toutes les possessions au-delà du Guiers et du Rhône, et le comte abandonna de son côté tout ses droits sur les terres en deça du Guiers.

laume de Virieu, châtelain de Bourgoin, accompagné des gens de sa châtellenie et de quelques autres habitants des terres du dauphin, se porta sur le château de Maubec, s'en empara par surprise, et fit main-basse sur tous ceux qui s'y trouvaient, même sur la personne d'Aymon de Bocsozel, qui en était le seigneur. Cet acte de violence donna bientôt lieu à de terribles représailles de la part d'Humbert de Bocsozel, seigneur de Chatonnay, frère d'Aymon, qui, après avoir repris le château, vengea cruellement son frère, comme on le verra plus amplement dans la notice sur Maubec. Il s'en suivit des récriminations et des débats très-vifs entre le comte de Savoie, qui se disait suzerain de Maubec, et le dauphin qui avait la même prétention (1).

Les guerres particulières entre seigneurs voisins se renouvelaient sans cesse, et, bien qu'en France elles eussent été abolies dès le règne de saint Louis, elles se sont perpétuées en Dau-

(2) Valb., t. 1er, p. 254, et t. 2, p, 97 et 98.

phiné jusqu'au moment où la puissante antorité de Louis XI, encore dauphin, les fit cesser complétement. Les luttes et les surprises auxquelles elles donnaient lieu, étaient signalées par des actes de barbarie et de brigandage incroyables. On peut en juger en voyant les préparatifs que le dauphin lui-même faisait lorsqu'il se mettait en campagne. En 1340, Humbert II, adressant au châtelain de Vaucluson l'ordre de se trouver en armes à Saint-Marcellin, avec les gens de sa châtellenie, lui enjoint expressément de faire munir ses hommes de toute espèce d'instruments propres à la destruction des arbres, des vignes et des blés : « *Et providere faciatis arnesiis pro cala et destructione arborum, vinearum et bladorum opportunis, ut poté falcibus, securibus, fauciliis et fundis, ac aliis debitis arnesiis, quæ secum deportent ad nostram cavalcatam prædictam* (1).

La manière dont se rendait la justice répressive, et les punitions infligées aux criminels,

(1) Valb., tom. 1er, p. 53.

peignent avec énergie la cruauté et la grossièreté des mœurs du temps. Ainsi que le fait judicieusement remarquer Valbonnais, les statuts de chaque lieu déterminaient presque tous les cas de délit, et fixaient au profit du seigneur le taux de l'amende moyennant laquelle les coupables pouvaient acheter l'impunité de leurs crimes. Sur le pied de la taxe que les seigneurs avaient faite, on pouvait toujours savoir à quoi s'en tenir. C'était un reste des coutumes et des mœurs des anciens Bourguignons, conservé dans un pays autrefois soumis à leur domination. « Malheur, dit le même historien, à ceux » qui, ayant commis un crime ou un délit, ne » pouvaient se racheter ! Ils demeuraient alors » exposés aux abus que les seigneurs faisaient » de leur justice et de leurs lois, en prononçant » des peines arbitraires. Les malheureux délin- » quants étaient sommairement condamnés à » divers supplices, suivant la qualité du crime. » Un des plus ordinaires était de jeter le crimi- » nel dans l'eau, après l'avoir renfermé dans

» un sac. Il arrivait souvent qu'on coupait les » oreilles, les pieds et les mains, qu'on marquait » d'un fer chaud et qu'on fustigeait. » Généralement, la punition infligée aux adultères consistait à les faire courir nus dans la ville ou le bourg; on a vu que c'était la peine prononcée par un article de la charte de Bourgoin (1).

On voit plusieurs exemples de châtiments du genre de ceux dont je viens de parler, dans une enquête qui eut lieu en 1276, au sujet de l'étendue de la juridiction des comtes de Vienne et de celle des archevêques.

L'un des témoins entendus dans cette enquête, qui avait été lieutenant du mistral de Vienne, cite divers actes de juridiction qu'il a exercés, et ajoute que pendant qu'il remplissait son emploi, il avait fait marquer un voleur d'un fer chaud, en le tenant lui-même par les cheveux : « *Et ipsemet testis tenuit ipsum latronem per capillos, quousque garcio suus signavit ipsum latronem.* » Un autre témoin, Morel de Salerie,

(1) Valb., tom. 1er, p. 8.

raconte qu'étant juge de l'archevêque, il avait plusieurs fois fait marquer des voleurs et couper les oreilles à d'autres, et il dit qu'une fois un voleur, pris en flagrant délit dans un marché, lui fut amené, et que, sur-le-champ, il le saisit et lui coupa lui-même l'oreille, en présence de nombreux assistants : « *Et ipsemet testis amputavit eidem latroni auriculam, in præsentia multorum macellariorum.* »

Albert de Condrieux, chevalier, rapporte, suivant la même enquête, que, dans le temps où il exerçait la justice dans Vienne au nom des comtes, il avait puni souvent des adultères; que, notamment, une femme ayant été surprise avec un homme de Lyon, il les fit courir nus en plein jour, depuis le palais du dauphin jusqu'à la porte de Saint-Martin, où on leur rendit leurs vêtements : « *Et fuerunt trotati de die publicâ, à palatio domini dalphini usque ad portam sancti Martini, et ibi reddidit raubam suam* (1). »

Il paraît, d'après certains détails qu'on vient de voir, que la fonction de ceux qui étaient employés aux exécutions, n'était pas aussi flétrissante qu'elle l'est devenue dans la suite, puisque le juge se substituait parfois à l'exécuteur ou l'aidait dans son opération. Dans la charte donnée par le comte de Savoie, aux habitants de Saint-Georges-d'Espéranche, en 1291, il avait fallu une disposition formelle pour les exempter de remplir malgré eux les fonctions d'exécuteur : « *Aliquis Burgensis non tenetur facere aliquam mutilationem vel ultimum supplicium la- tronum seu malefactorum, præcepto castellani nostri, velalterius, nisi de suâ processerit voluntate* (2).

(1-2) Valb., t. 8 et 33.

VII.

Bailliage du Viennois Terre de la Tour. — Juges-mages et juges des deuxièmes appellations du Viennois. — Siége de leur juridiction à Bourgoin.

—

L'avènement des princes de la maison de la Tour au gouvernement du Dauphiné, donna une grande extension à la puissance de cet état. La domination de ces princes sages et vaillants, fut marquée par des faits glorieux et d'utiles réformes. Ils s'attachèrent surtout à régulariser l'administration de la justice, et à soumettre à la surveillance et à l'examen de leur juridiction, toutes les justices seigneuriales du pays.

Ils avaient divisé le Dauphiné en sept circonscriptions qui étaient le Graisivodan, le Briançonnois, le Gapençois, l'Embrunois, le Viennois Terre de la Tour, le Viennois Valentinois et les Baronnies. A la tête de chacune de ces circonscriptions était placé un officier supérieur appelé *bailli*, ce qui a fait donner depuis le nom de *bailliage* à l'étendue de pays soumis à son autorité. Les fonctions principales des baillis étaient d'assembler les milices du ressort et de les commander lorsqu'elles se mettaient en campagne. Leurs offices étaient temporaires ou à vie, suivant la volonté du dauphin. Il ne paraît pas que, dans les premiers temps, les baillis eussent une juridiction contentieuse. Dans la suite, la justice fut rendue en leur nom par un lieutenant appelé vibailli, qui remplaça les juges dont il va être question (1).

A côté de chaque bailli, les dauphins avaient placé un juge-général qui rendait la justice pour eux, dans toute l'étendue du bailliage, et qui dominait les juridictions seigneuriales disséminées sur le territoire. Ce juge était appelé juge-mage et tenait sa cour dans le chef-lieu. « Cependant, dit Valbonnais, il était obligé de » tenir des assises, une fois l'année, dans tous » les lieux de son ressort. Il y recevait les plain- » tes des habitants contre les officiers de la

(1) Valb., t. 1er, p. 102 et 103.

» terre. Il examinait les sentences que le châte- » lain ou tout autre juge inférieur pouvait avoir » rendues ; il condamnait ou renvoyait absous » ceux qui étaient détenus pour crimes. La » forme de la prononciation de sa sentence était » assez remarquable : *Nos sedentes protribunali* » *more majorum nostrorum, in præsentiâ præ-* » *sentium, et in absentiâ absentium, quorum* » *Dei præsentiâ repleatur, non declinantes plus* » *ad dextram quàm ad sinistram ; sed eo libra-* » *mine sacro sanctis Dei evangeliis coram nos-* » *tro conspectu appositis, ut de vultu Dei nos-* » *trum rectum procedat judicium, et oculi nos-* » *tri in iis et omnibus videant æquitatem, signo* » *venerabilis sanctæ crucis nos munientes ; di-* » *centes : In nomine Patris, etc., habitâ que ma-* » *turâ deliberatione coràm peritis et liberis, ab-* » *solutos absolvendo, condemnatos condem-* *nando, etc.* (1) »

Malgré leur titre de comtes de Vienne, les dauphins, n'ayant pour ainsi dire aucune auto-

(1) Valb., t. 1er, p. 12.

rité, dans cette ville, qui était soumise à la puissance presque exclusive des archevêques et du clergé, ne purent y établir le siége de leur justice supérieure pour le Viennois Terre de la Tour. Ils durent songer à le fixer ailleurs, et ils choisirent Bourgoin, la plus considérable des autres villes de la contrée. Les juges-mages furent nommés sous Humbert II *juges des appellations*, et furent ensuite connus sous la dénomination de vi-baillis, mais toujours, jusqu'à Louis XI, le siége des juges-mages et des vi-baillis du *Viennois Terre de la Tour* (territoire qui comprenait à peu près l'étendue des deux arrondissements actuels de Vienne et de la Tour-du-Pin, outre ce qui se trouvait au-delà du Rhône), demeura établi dans la ville de Bourgoin. C'est ce qui est attesté par une foule de documents, et ne peut faire l'objet d'un doute (1).

(1) Valb., t. 1er, p. 12 et 13, et Chorier, t. 1er, p. 223 et 849, t. 2, p. 463.

MACÉ. Fragments d'Aymar du Rivail, p. 24.

« Guy-d'Armezin, dit Chorier, était juge-
» mage dans le Viennois, en 1307; sa qualité
» était celle de *judex major Delphinatus in Vien-*
» *nesio*, et Bourgoin était son siége. Il avait été
» précédé en 1302 par Bertrand de Veyserac;
» et Pierre de Pierre, qui acceptait ces fonc-
» tions en 1339, s'intitulait ainsi, dans les actes
» de son ministère : *Nos Petrus-Petri judex ma-*
» *jor baronniæ terræ Turris, Vallisbonæ et*
» *Montis-Lupelli, pro domino Dalphino* (1) ».

Voici qui donne une idée des missions que ces juges avaient quelque fois à remplir; il s'agit d'un événement qui arriva en 1346, et qui produisit à cette époque une grande sensation.

Isarde des Baux, jeune femme appartenant à une famille princière de la Provence, était la propre tante de Marie des Baux, épouse du dauphin Humbert II; elle avait épousé Ponce de Malvoisin, seigneur de Pennes, chevalier dauphinois. Une nuit, pendant son sommeil, ce seigneur fut assassiné à coups de hache. Izarde

(1) Chorier, id.

fut soupçonnée de ce meurtre. Le dauphin Humbert se trouvait alors en Asie, où il dirigeait une croisade contre les Turcs ; la dauphine l'avait suivi dans cette expédition, et le Dauphiné était gouverné par Henri de Villars, archevêque de Lyon, que le dauphin avait nommé régent avant de partir. Malgré le haut rang de la dame de Pennes, et sa proche parenté avec la dauphine, Henri de Villars ordonna son arrestation et commit François de Cagny, alors juge-mage du Viennois, pour informer sur ce crime. La procédure dura plusieurs mois, et enfin Izarde des Baux, après avoir été mise à la torture, fut déclarée coupable du meurtre de son époux et condamnée à être brûlée vive, par une assemblée de chevaliers et de jurisconsultes ; la sentence fut exécutée en présence d'un immense concours de population. Henri de Villars rend compte de cette tragique aventure, dans une lettre du 4 juin 1347, adressée au dauphin, qui était alors à Rhodes (1).

(1) Valb., t. 1er, p. 338, et t. 2, p. 557, 560 in fine et 623.

VIII.

Dauphins de la maison de la Tour. — Transport du Dauphiné à la couronne de France.

Il n'entre pas dans le plan de cette notice toute particulière, d'y faire figurer les événements de l'histoire du Dauphiné, qui sont étrangers à Bourgoin; mais je crois qu'il ne sera pas superflu de rappeler sommairement ici quels furent les dauphins de la maison de la Tour. Ces princes, comme on l'a vu, étaient les seigneurs immédiats de la ville de Bourgoin, et, à ce titre, nous devons, au moins, à chacun d'eux, l'hommage d'un souvenir, d'autant mieux que la plupart des faits et des institutions dont j'ai parlé jusqu'ici, se rattachent à l'époque où ils ont gouverné le Dauphiné.

Humbert Ier, qui avait témoigné à notre ville son affection toute spéciale, en lui donnant la charte d'affranchissement de 1298, mourut le 12 avril 1307. Pendant les longues années où il avait joui de la souveraineté, sa prudence et sa fermeté avaient eu de rudes épreuves à soutenir.

Il s'était vu engagé dans des guerres continuelles pour la conservation des droits de la dauphine Anne, son épouse, ou pour se garantir des entreprises des comtes de Savoie. Mais politique habile autant que prince guerrier, il avait su lutter avec succès contre les difficultés qu'il avait rencontrées, et il était parvenu à asseoir sur de larges bases la puissance de sa maison. Humbert est le premier des dauphins qui ait contracté une étroite alliance avec les rois de France, en se reconnaissant le vassal de Philippe-le-Bel, en 1294, au moyen d'une rente que ce roi lui remit en fief. Les empereurs d'Allemagne n'avaient plus alors qu'une simple suzeraineté purement nominale sur le Dauphiné (1).

Sous le dauphin Jean II, qui succéda à Humbert, son père, le Dauphiné jouit d'une paix presque continuelle. Il s'attacha à y ramener l'ordre et la prospérité, et cependant il accrut

(1) V. pour la vie d'Humbert Ier et de ses successeurs, Valbonnais.

encore l'influence de l'état qu'il gouvernait. Par des traités conclus avec lui, les comtes de Genève, les seigneurs de Villars et d'autres se reconnurent les vassaux des dauphins. Jean, prince remarquable par la douceur et la modération de son caractère, et par son attention à diminuer les charges publiques, accorda des libertés et franchises aux habitants de plusieurs de ses terres. En 1314, il parvint à conclure avec le comte de Savoie un traité qui mit fin aux hostilités pendant quelques années. C'est de son temps que, sur la provocation du roi Philippe-le-Bel, fut tenu à Vienne, en 1311, le concile général qui supprima l'ordre des Templiers. Le Dauphiné avait fourni plusieurs grands-maîtres à cet ordre célèbre, et parmi eux on remarque Bernard de Tramolée, qui était grand-maître en 1153, et qui était sorti du village de ce nom, situé dans le Viennois, à quelque distance de Bourgoin (1). Le dauphin Jean n'avait que 38 ans lorsqu'il mourut, en 1318, au milieu des re-

(1) Chorier, t. 2, p. 219, et son abrégé, t. 1er, p. 117.

grets universels, laissant de son mariage avec Béatrix, sœur du roi de Hongrie, plusieurs enfants qu'il avait placés sous la tutelle de Henri de la Tour, son frère ; son fils aîné, Guigues VIII, qui était encore fort jeune, fut appelé à lui succéder, et le gouvernement resta confié au même Henri de la Tour, en qualité de régent.

L'humeur belliqueuse et les vertus militaires que montra de bonne heure le dauphin Guigues, ont jeté un grand lustre sur le Dauphiné. Il avait à peine 16 ans, lorsqu'en 1325 la guerre s'étant rallumée entre lui et le comte de Savoie, il remportait sur celui-ci une victoire complète à la bataille de Varey, en Bugey, où le comte eût été fait prisonnier, s'il n'eût été délivré par Guillaume de Bocsozel, seigneur de Maubec, son vassal. En 1328, Guigues VIII assistait Philippe de Valois à la bataille de Cassel donnée contre les Flamands, et contribuait puissamment à la victoire remportée par le roi de France. Quelques années après, les hostilités ayant recommencé avec le comte de Savoie, Guigues fut tué d'un coup d'arbalète, en dirigeant le siége du château de la Perrière, près de Voiron. Il n'avait alors que 24 ans, et, bien qu'il eût épousé Isabelle de France, fille de Philippe-le-Long, il ne laissa point de postérité, et fut remplacé par son frère Humbert.

Les actes les plus mémorables du long gouvernement d'Humbert II, sont la création du Conseil delphinal, qui devint plus tard le parlement de dauphiné; la croisade qu'il dirigea contre les Turcs, dans l'Asie-Mineure, et enfin la cession du Dauphiné aux rois de France. Le pays ne fut pas, sous ce prince, troublé par de longues guerres; des trèves successives suspendirent presque constamment le cours des hostilités avec les comtes de Savoie (1), et le dauphin put s'occuper de réformes intérieures et

(1) Une des premières trèves qui furent conclues par Humbert II, fut arrêtée dans une conférence qui se tint à la Maladière, près de Bourgoin. Par des lettres du 19 janvier 1334, ce dauphin ordonne à Jean de la Balme, chevalier, de se rendre dans ce lieu le lundi suivant, pour s'aboucher avec le chevalier Thomas de Lange, représentant

de nombreuses mesures d'organisation. Parmi les institutions dont il fut l'auteur, on peut noter la création d'un conseil dans chaque bailliage, pour y assister le bailli et le juge dans leurs fonctions. Ce conseil était composé de douze membres choisis dans l'étendue du bailliage, parmi les personnes distinguées par leur naissance ou par leur capacité (1).

C'est le 3 mars 1349 que fut conclu et signé à Romans, le traité qui consomma le transport des états du dauphin à la couronne de France. Déjà, par un premier traité arrêté à Vincennes, le 23 avril 1343, Humbert, qui avait perdu de bonne heure l'unique enfant qu'il avait eu de la dauphine Marie des Baux, avait cédé la souveraineté du Dauphiné, pour en jouir après lui

le comte de Savoie, et s'entendre avec lui au sujet des conditions de la trêve proposée. (Et die lunæ proximâ, in Maladeria quæ est inter Burgundium et sanctum Albanum, unà cum dicto domino Thomà et aliis, pro parte nostrâ et dicti comitis sedatoribus deputatis, personnaliter intersitis, etc.) — Valb., t. 2, p. 254.

(1) Valb., t. 1er, p. 308

dans le cas où il ne lui naîtrait pas un nouvel enfant, à Philippe, deuxième fils du roi de France, et à son défaut, à tel des enfants de Jean, duc de Normandie, qu'il plairait au roi de désigner. Le transport fait en 1249 fut définitif, et Humbert, qu'on était parvenu à décider à embrasser la vie religieuse, céda irrévocablement ses états à Charles (depuis Charles V), fils aîné du duc de Normandie (depuis le roi Jean). Charles en prit possession immédiatement, en jurant de respecter les priviléges et franchises du Dauphiné, ses usages, ses lois. Il fut stipulé que le Dauphiné conserverait sa nationalité distincte et ne pourrait être annexé au royaume de France qu'autant que l'empire y serait uni, et que Charles et ses successeurs seraient tenus de porter le titre de dauphins. Peu de jours avant la consommation de cette cession, Humbert avait eu soin de consigner dans un statut solennel, connu sous le nom de Statut delphinal, les priviléges, usages et libertés du pays, et d'affranchir tous ses sujets nobles et non nobles des diverses servitudes qui pouvaient encore peser sur eux.

Après avoir ainsi déposé la puissance souveraine, Humbert entra dans les ordres, fut sacré patriarche d'Alexandrie, et nommé administrateur perpétuel de l'archevêché de Rheims. Il venait d'être promu à l'archevêché de Paris, lorsqu'il mourut le 22 mai 1355.

On sait que depuis le transport du Dauphiné à la couronne, les fils aînés des rois de France avaient toujours porté le titre de dauphins. Toutefois, c'étaient les rois eux-mêmes qui conservaient l'autorité, et prenaient dans les actes publics le titre de rois-dauphins. Ce n'est que de leur consentement et par suite d'un abandon formel, que cette autorité a résidé parfois sur la tête de leurs fils aînés ; c'est ce qui arriva notamment pour Louis, fils du roi Charles VI, qui fut ensuite le roi Louis XI (1).

(1) V. Chorier, Abrégé de l'hist. du Dauphiné, t. 1er, p. 119.

Dans aucun des actes relatifs au transport du Dauphiné à la couronne de France, on ne trouve la condition que

IX.

Époque qui a suivi le transport du Dauphiné à la couronne de France. — Louis XI en Dauphiné. — États tenus à Bourgoin. — Cette ville cesse d'être le chef-lieu du bailliage.

—

A dater de 1349, le Viennois Terre de la Tour, de même que le reste du Dauphiné, ne cessa pas de dépendre de la couronne de France. Le pays conserva, toutefois, son organisation particulière, ses usages et ses lois ; il s'administrait lui-même sous l'autorité d'un gouverneur nommé par les rois-dauphins, et qui fut pendant long-temps un véritable vice-roi à peu près indépendant.

L'intervalle qui s'écoula depuis l'avènement d'Humbert Ier à la souveraineté du Dauphiné jusqu'en 1461, époque vers laquelle le siége du

le titre de dauphin reposera sur la tête du fils aîné du roi. C'est l'usage seul qui avait, dans la suite, établi cette coutume et en avait fait une règle.

bailliage fut transféré à Vienne, fut assurément la période des temps anciens où la ville de Bourgoin eut le plus d'importance. Vienne, son archevêque et son clergé, repoussant autant qu'ils le pouvaient l'autorité et la juridiction des dauphins, Bourgoin était devenu, nous l'avons déjà vu, le chef-lieu du Viennois Terre de la Tour. C'est là qu'était établie la haute juridiction des dauphins sur ce vaste territoire, et, pendant plus de cent soixante ans, cette ville jouit des prérogatives que devait nécessairement lui procurer sa position de capitale de bailliage.

L'administration du dauphin Louis, qui fut généralement avantageuse pour le Dauphiné, où il réprima de nombreux abus, et où il marqua son passage par de sages institutions, devint funeste à la ville de Bourgoin.

Ce prince si décrié pour sa dissimulation et son despotisme cruel, mais doué d'un esprit profond et d'un caractère persévérant et énergique, voulut courber sous son autorité les grands seigneurs du pays et les villes trop fières de leur indépendance. Il chercha surtout à établir sa puissance dans Vienne, en restreignant celle des archevêques. Vienne, l'antique et illustre cité romaine, l'ancienne capitale des rois de Bourgogne, avait conservé avec sollicitude, sous la protection de ses prélats et de son clergé, des prérogatives qui lui rappelaient sa splendeur d'autrefois. Les dauphins avaient fait de vains efforts pour y exercer une souveraineté réelle; elle avait toujours résisté à leurs tentatives. Les règnes agités qui se succédèrent en France après l'abdication d'Humbert, et les graves préoccupations qui pesèrent sur les rois, permirent à la ville de Vienne et à ceux qui y dominaient de se maintenir dans leur position exceptionnelle. Mais, sous le dauphin Louis, cet état de choses dut changer; il sut amener l'archevêque et les habitants de Vienne à composer avec lui; son autorité temporelle dans Vienne fut reconnue égale et même supérieure à celle de l'archevêque; les consuls de la ville et le chapitre lui prêtèrent serment de fidélité, et, par un traité appelé *Traité de Pariage*, conclu en 1448, il fut convenu, entr'autres stipulations, que les juridictions subalternes du prélat et du dauphin s'exerceraient concurremment dans la ville. En échange de ces concessions, le dauphin Louis accorda divers avantages aux habitants de Vienne; il les maintint exempts de toutes tailles et autres contributions, et promit que, dans un temps plus ou moins prochain, le siége du bailliage du Viennois, établi dans Bourgoin, serait transféré dans Vienne. « Dans ce » traité, dit Chorier, cette juridiction est ap- » pelée *la Grand'Cour de Viennois et de la Terre* » *de la Tour* (1). »

Cependant, plusieurs années s'écoulèrent avant que Bourgoin cessât définitivement d'être le siége de ce tribunal important et perdit sa qualité de chef-lieu du bailliage.

Les états des trois ordres du dauphiné avaient été convoqués à Bourgoin et avaient tenu leurs délibérations dans cette ville, au mois de jan-

(1) Chorier, t. 2, p. 445. — Aimar du Rivail, p.

vier 1448 ; on avait accordé au dauphin, à titre d'impositions, deux florins par feu. « C'est par » là, dit Chorier, qu'on a commencé à jeter les » fondements des tailles réelles dans cette pro- » vince (2). »

Pour appliquer les impositions votées par les états, on procédait de temps en temps à la révision des feux qui devaient y être soumis. A ce sujet, l'historien Chorier, qui était de la ville de Vienne, raconte avec douleur les nouvelles humiliations que le dauphin Louis, devenu roi, fit subir à cette ville, et ce qu'il dit là-dessus fixe la véritable époque où Bourgoin ne fut plus le séjour des officiers du bailliage. Il rappelle qu'en 1461 le parlement commit Etienne Bertal, *qui exerçait les fonctions de juge des appellations et de vi-bailli du Viennois Terre de la Tour, et qui avait son siège à Bourgoin*, pour procéder à la révision des feux de son bailliage, et que, dans cette opération, Bertal comprit en première ligne les feux de la ville de Vienne qui devaient

(2) Chorier, t. 2. p. 440.

être soumis aux tailles. Les consuls protestèrent vainement contre cette violation des anciens priviléges de leur cité, que Louis XI lui-même avait, en 1448, promis solennellement de respecter; il fallut incliner la tête sous le niveau commun, et l'antiqne reine des Gaules devint ville tributaire (1).

Ce passage de Chorier prouve qu'en 1461 le siége du bailliage était encore à Bourgoin; mais sa translation eut lieu bientôt après; Chorier rapporte sommairement ailleurs comment elle s'opéra. Parlant des dédommagements que Louis XI accorda aux habitants de Vienne, il ajoute: « Il leur avait promis le siége supérieur du » bailliage du Viennois, qui était établi dans la » ville de Bourgoin; il effectua sa promesse, » et une salle spacieuse de la maison de Berthon- » Villate fut le premier auditoire de cette juri- » diction (2). »

Ce fut là un grave échec pour Bourgoin, et

(1) Chorier, t. 1er, p. 223, et t. 2, p. 463.

(2) Chorier, t. 2, p. 454.

ce fâcheux événement dut porter un rude coup à son accroissement et à sa prospérité. Toutefois, située au milieu d'un beau territoire, à une faible distance de Lyon, et à l'embranchement de plusieurs routes, notamment sur les grands chemins d'Italie et de Grenoble, cette petite ville possédait encore de précieux éléments de vie et d'avenir. Elle était déjà à cette époque, ainsi que l'attestent Moreri et Chorier, renommée pour son commerce considérable de chanvre et de farines (1).

(1) Moreri, Dict. historique, v. Bourgoin, et Chorier, t. 1er, page 54.

X.

Le frère Jean de Bourgoin. — Guerres de religion.

—

La tradition et les documents qui subsistent ne nous tournisssent aucun fait remarquable au sujet de Bourgoin, pour le temps qui s'écoula depuis Louis XI jusqu'aux guerres de religion. Cependant je ne puis omettre de mentionner ici le nom de Jean de Bourgoin, qui, au dire de Guy-Allard et de Chorier, fut un prédicateur célèbre vers la fin du xve siècle. Guy-Allard, dans son dictionnaire historique manuscrit, en parle en ces termes :

« *Jean de Bourgoin,* ainsi nommé parce qu'il » était de ce lieu-ci, fut un cordelier, fameux » prédicateur et savant théologien. On avait » conservé longtemps un manuscrit de ses sermons dans le couvent de Grenoble ; mais ils » furent perdus dans le pillage que firent les » huguenots quand ils se saisirent de ce couvent. Il vivait l'an 1484. »

De son côté, Chorier raconte qu'au mois de mai 1484, tous les frères mineurs de l'Observance s'assemblèrent à Grenoble, en chapitre, pour l'élection de leur général; l'assemblée se composait de plus de 500 religieux.

« Ce qui rendit, ajoute-t-il, cette assemblée » célèbre, ce furent les sermons du frère Jean » de Bourgoin, fameux prédicateur; il prêcha » dans la place publique avec le zèle et la ferveur » d'un apôtre, en présence de dix mille person- » nes accourues pour l'entendre, et tira des lar- » mes de tous les yeux (1). »

Vers le milieu du XVIe siècle, la réforme religieuse avait acquis de nombreux adeptes en Dauphiné, surtout dans le Valentinois et dans toute la partie méridionale de cet état. Le fanatisme et l'irritation des partis catholique et protestant, n'avaient pas tardé d'y produire de graves désordres. Il serait fastidieux d'entrer ici dans le détail confus des guerres civiles sans cesse renaissantes, qui couvrirent la con-

(1) Chorier, t. 2, p. 489.

trée de deuil et de ruines, pendant la seconde moitié de ce siècle. Les vicissitudes et les événements principaux de ces guerres, sont assez généralement connus, pour que je n'aie pas à les rappeler. Il est pourtant à propos de mentionner quelques circonstances de ces luttes cruelles et acharnées, ne fût-ce que pour y voir la preuve que Bourgoin ne fut pas, mieux que tant d'autres localités, exempt des calamités de cette funeste époque.

En 1561, les troubles s'étaient manifestés en Dauphiné avec assez de force, pour que le gouvernement royal eût cherché sérieusement à les réprimer. Pardaillan de la Motte-Gondrin avait été envoyé dans la province avec le titre de lieutenant du roi ; mais, par divers actes de cruauté commis à Romans sur des personnages appartenant au parti protestant, il avait provoqué des représailles, et il fut massacré dans Valence à l'instigation du baron des Adrets. Celui-ci, qui avait commencé par être du parti catholique, venait de se jeter dans le parti opposé, et à dater de la mort de la Motte-Gondrin, il devint, autant par ses cruautés que par ses talents militaires, la terreur des catholiques. Maugiron, qui avait remplacé la Motte-Gondrin, fit ses efforts pour arrêter les progrès des huguenots, et il prit des mesures pour préserver le Viennois, qui était la partie du Dauphiné où les nouvelles doctrines s'étaient le moins répandues. « Il mit » garnison, dit Chorier, dans les meilleurs » bourgs qui avaient des châteaux assez forts » pour n'être pas emportés trop facilement. » Mais la Tour-du-Pin, Morestel, Bourgoin, » Maubec et les châteaux voisins, ne tardèrent » pas à tomber en la puissance du baron des » Adrets (1). »

Les protestants avaient obtenu de nombreux avantages, lorsqu'en 1562, la cour envoya en Dauphiné le duc de Nemours, en qualité de commandant supérieur, avec des renforts. La fortune changea; Maugiron, qui était sous les ordres du duc, avait repris Vienne et d'autres

(1) Chorier, t. 2, p. 557-558.

places ; le baron des Adrets avait subi des échecs répétés, et s'était réfugié à Lyon où les protestants dominaient. Bientôt il rentra en Dauphiné avec des forces considérables, mais il fut de nouveau battu auprès de Beaurepaire, au mois de novembre 1562, par le duc de Nemours. Il reprit alors en bon ordre le chemin de Lyon.

« Etant arrivé à Bourgoin, dit encore Chorier, avec ses troupes et son bagage, dont il » ne perdit rien, il y rencontra 4,000 hommes » et 300 chevaux que Soubise lui envoyait. Avec » ce renfort, il tourna tête vers Vienne. » Après divers combats sans gravité, des Adrets entra en négociation avec les catholiques, fit ses efforts pour amener la paix, et finit plus tard, à la suite de quelques mécomptes d'ambition, par rompre avec son parti (1).

Lorsque la guerre se ralluma en 1567, le marquis de Gordes, alors lieutenant du roi en Dauphiné, se mit en mesure de résister aux entreprises des protestants qui étaient maîtres dans

(1) Chorier, t, 2, p. 576.

Saint-Marcellin et dans toutes les places du Valentinois ; il s'assura de Moirans et de la Côte-Saint-André, et jeta dans cette dernière place les troupes qui étaient en garnison à Bourgoin, Saint-Chef et la Tour-du-Pin. Mais il ne put parvenir à chasser les huguenots des positions qu'ils occupaient ; il fut même obligé de battre en retraite devant eux et d'abandonner la Côte, en se dirigeant sur Bourgoin. Voici comment Chorier parle de cette retraite, dans laquelle Gordes fut suivi de si près, qu'on lui prit ou tua un grand nombre de traînards (1) :

« De la Côte, Gordes tourna la tête de son » armée vers la Tour-du-Pin, où il logea du 13 » au 14 décembre, et ce dernier jour il alla » camper auprès de Bourgoin. La campagne » était couverte de soldats catholiques qui » fuyaient, ne se croyant pas assurés dans les » châteaux ni dans les bourgs qui étaient sur » la marche des ennemis. La plupart vinrent » joindre Gordes à Bourgoin. Le baron des A-

(1) Chorier, t. 2, p. 616-618.

» drets y demeura deux jours avec lui. Il n'é-
» tait point encore déterminé à combattre con-
» tre les huguenots, ses anciens coreligionnai-
» res; ses hésitations cessèrent à Bourgoin. Il
» n'avait nul emploi dans l'armée catholique, et
» avait renoncé au parti huguenot qu'il taxait
» d'ingratitude. Gordes, qui était son ami, lui
» persuada d'attendre que le roi le tirât de chez
» lui par un ordre exprès et par un emploi di-
» gne de son nom. Après cela, Gordes s'appro-
» cha de Lyon et vint camper dans la plaine
» d'Heyrieu (1). »

Le baron des Adrets, ainsi que le dit ici Chorier, avait déjà rompu avec les huguenots. Il fut ensuite employé par le parti catholique; mais cette dernière partie de sa carrière ne se signala par aucun fait éclatant. Il vécut également méprisé des deux partis, qu'il avait trahis tour à tour.

Les indications que je viens de donner font entrevoir les maux incalculables que Bourgoin

(1) Chorier, t. 2, p. 616-618.

dut souffrir par les invasions successives des troupes des deux partis, qui ravageaient les campagnes et se livraient, dans les villes, à des massacres et à des excès de toute nature. On ne peut surtout songer sans frémir à ce qui dut se passer lorsque Bourgoin tomba à diverses reprises au pouvoir du baron des Adrets, dont le nom est resté dans le souvenir populaire comme un symbole de meurtre et de destruction. « C'é-
» tait, dit un historien, le Montluc des hugue-
» nots. Pas plus que le chef catholique Mont-
» luc, il n'avait l'excuse du fanatisme, et il
» n'avait pas même, ainsi que Montluc, un cer-
» tain sentiment de devoir politique ; moitié
» fou, moitié grand capitaine, il semblait tou-
» jours animé de l'ivresse sauvage des anciens
» guerriers scandinaves. Rapide comme l'oiseau
» de proie, il volait, en quelques jours, de la
» Saône à la Durance, des Alpes aux montagnes
» d'Auvergne, portant partout la terreur et la
» mort (1). »

(1) Henri Martin, Hist. de France, t. X, p. 141.

Catherine de Médicis et Henri III à Bourgoin. — Institution de deux des foires de cette ville. — Conférences diplomatiques à Bourgoin, en 1595. — Résultat des guerres civiles.

En l'année 1574, alors que les hostilités, pendant quelques temps assoupies, commençaient à se ranimer de toutes parts, Bourgoin devint un instant le séjour de personnages célèbres dans l'histoire. C'est là qu'eut lieu la première entrevue de Catherine de Médicis avec Henri III, quand celui-ci revint de Pologne.

Charles IX venait de mourir; Henri, son successeur, était alors roi de Pologne et éloigné de la France; Catherine, sa mère, gouvernait n qualité de régente. Averti de la mort de son frère, Henri s'était hâté de quitter clandestinement Cracovie pour venir prendre possession du nouveau royaume qui venait de lui échoir; mais, au lieu de presser son voyage, il s'était

dirigé vers l'Italie, où, malgré les instances de sa mère, il avait séjourné trois mois, occupé de fêtes et de plaisirs. Il se décida enfin à rentrer en France, et le 4 ou le 5 septembre 1574, il arriva au Pont-de-Beauvoisin. Catherine de Médicis s'était mise en route pour venir au-devant de lui, emmenant avec elle le duc d'Alençon, son second fils, et le roi de Navarre, son gendre (depuis Henri IV), qui tous deux étaient gardés à vue, car ils avaient été récemment impliqués dans un complot dont le but était de soulever les provinces. Arrivée à Bourgoin, la régente s'y arrêta et envoya en avant les deux princes. Henri III les trouva au Pont-de-Beauvoisin, où étaient aussi beaucoup de gentilshommes dauphinois (1). « Les deux princes se justifièrent du mieux qu'ils purent, et
» n'osant se plaindre de Catherine, ils se plaignirent des injustes rigueurs de Charles IX.
» Henri III reçut de bonne grâce leurs protestations, les embrassa, et leur déclara qu'ils

(1) Chorier, t. 2, p. 661.

» étaient libres. Ils ne cessèrent pas, néan-
» moins, d'être surveillés de près.... — La
» reine-mère attendait à Bourgoin ce fils tant
» désiré; Henri et Catherine firent leur entrée
» à Lyon, où la cour s'établit pour quelques
temps (1). »

C'est par des lettres patentes de ce même roi Henri III, datées de Saint-Maur-les-Fossés, au mois de mai 1584, que furent instituées à Bourgoin les deux foires du 1er mai et du 29 septembre. Il n'est pas sans intérêt de citer ici quelques passages de ces lettres :

« Henri, par la grâce de Dieu, *roi de France*
» *et de Pologne, dauphin de Viennois*, *comte de*
» *Valentinois et de Diois*.... Sur la représen-
» tation qui nous a été faite au nom des *manans*
» *et habitants* de la ville, terre et seigneurie de
» Bourgoin en Dauphiné, que ladite ville est
» située sur le grand chemin de Lyon en Italie
» et plusieurs autres provinces, *bon et fertile*
» *pays, auquel croissent et abondent plusieurs*

(1) Henri Martin, Histoire de France, t. 10, p. 475.

» *commodités de biens, y passant et repassant*
» *beaucoup de marchands et marchandises*, et
» que pour l'avantage de ladite ville et du public,
» il serait nécessaire d'y établir deux foires par
» an, durant chacune deux jours... Nous, pour
» ces causes et autres bonnes considérations à
» ce nous mouvant, avons audit lieu de Bour-
» goin, fait, créé, ordonné et établi deux foires
» *chacune année*, durant icelles deux foires,
» deux jours entiers : la première, commençant
» le 1er jour de mai, et finissant le 2e dudit mois;
» la 2e commençant le 29 du mois de septem-
» bre, jour de St-Michel, et finissant le dernier
» dudit mois.... Pourvu que, ès-dits jours n'y
» aie autres foires à quatre lieues à la ronde,
» auxquelles les présentes puissent préjudicier.

Après une enquête qui constata qu'il n'y avait aucune foire ces jours là, dans le périmètre indiqué, un arrêt du parlement, du 8 mai 1686, ordonna l'exécution de ces lettres patentes. (1) »

(1) Archives de l'ancienne Chambre des comptes, regis-

Quelques années après l'époque dont je viens de parler, alors qu'Henri IV, reçu dans Paris et reconnu dans la plus grande partie de la France, n'avait plus à lutter que contre des résistances partielles qui allaient bientôt s'apaiser, on touchait enfin au terme des guerres sanglantes qui, pendant 40 ans, avaient dévasté le royaume. Cependant, Lesdiguières avait encore à combattre en Dauphiné contre le duc de Savoie, qui avait pris parti pour la Ligue et l'Espagne, et qui avait conçu un instant l'espoir de s'emparer de la Provence et du Dauphiné, en profitant des déchirements de la France. Le prince se décida pourtant à entamer des négociations pour la paix. Les conférences se tinrent dans la ville de Bourgoin, au mois d'octobre 1595. Sillery, qui devint dans la suite chancelier de France, y représentait le roi Henri IV; le duc de Savoie y avait envoyé le baron d'Hermancé, gouverneur du Chablais, et le président de la

tre intitulé : QUINTUS LIBER COPIARUM VIENNESII ET TERRÆ TURRIS, f° 61. — Il existe encore.

Rochette. Les négociateurs tombèrent d'accord sur les principales conditions de la paix, mais le duc refusa d'approuver le résultat de la négociation, et il fallut en venir encore à une guerre ouverte; ce ne fut qu'en 1601 que la paix fut définitivement scellée au moyen de la cession du marquisat de Saluces au duc, en échange de l'abandon qu'il fit au roi des portions de la Bresse et du Bugey, qui étaient soumises à sa domination (1).

Pendant la terrible période des guerres religieuses, Bourgoin, de même que bien d'autres villes, avait été en proie aux divisions intestines et aux fléaux de toute nature qu'entraînent avec elles de pareilles luttes. Sa population avait été cruellement décimée; sa prospérité et son commerce avaient été complétement arrêtés. Les vagues traditions conservées dans le pays, nous rappelleraient le souvenir de ces maux, s'ils n'étaient, du reste, attestés par les documents écrits : « Bourgoin, dit Moreri, qui écrivait

(1) Chorier, t. 2, p. 762.

» vers le milieu du XVIIe siècle, a beaucoup » souffert dans le siècle dernier, par suite des » guerres civiles. » Dans les lettres patentes du 13 mai 1603, portant confirmation par Henri IV de la charte d'affranchissement de Bourgoin, on lit que le roi a pris en considération *les pertes, ruines et autres empêchements éprouvés par les habitants de Bourgoin durant les guerres, et c'est pour leur donner quelque moyen de s'en relever que la confirmation de leurs libertés et priviléges est accordée* (1).

(1) Les archives de la Mairie de Bourgoin ne contiennent aucun détail sur les événements des guerres civiles. Les plus anciens registres qu'on y trouve ne remontent qu'à 1603, ce qui ferait supposer qu'un incendie ou tout autre accident aurait détruit les titres et documents d'une date antérieure.

XII.

Bourgoin pendant les deux derniers siècles.

Après les guerres civiles, il se fit, dans les mains du pouvoir royal, une concentration d'autorité qui finit peu à peu par détruire l'individualité des provinces. A partir de cette époque, on voit devenir bien plus rares ces faits particuliers qui se produisaient avec des incidents si variés dans chacune des principautés successivement annexées à la couronne. Les priviléges et les usages de localité s'effacèrent insensiblement, et les seigneurs n'eurent plus qu'une suprématie illusoire sur leurs terres. Tout tendit à l'uniformité, et l'on finit par arriver à cette unité qui a fait la force et la gloire de la nation. L'histoire de la France entière devint celle de chacun des pays qui composaient le royaume. Aussi, ne faut-il pas s'étonner de ce que, dans les deux derniers siècles, on n'ait à signaler qu'un petit nombre d'événements spéciaux à telle ou telle province, et à telle ou telle ville.

C'est en 1621 que fut établi à Bourgoin le couvent d'Augustins réformés qui a subsisté jusqu'à la suppression des ordres religieux en France. C'était un prieuré important, si l'on en juge par l'étendue des bâtiments et de l'enclos qu'il occupait. Je trouve dans un document officiel, qu'en 1698 il y avait dans ce prieuré quinze religieux Augustins déchaussés. L'église du couvent, qui est d'une architecture assez élégante, existe encore; mais depuis plus de trente ans elle a cessé d'être affectée à l'exercice du culte, et se trouve encombrée par des constructions intérieures (1).

Une assemblée de la noblesse dauphinoise se tint à Bourgoin, en 1630; Salvaing de Boissieu, qui en faisait partie, raconte, dans son livre de l'*Usage des fiefs*, à quelle occasion cette assemblée eut lieu. Le roi venait de convoquer l'ar-

(1) Mémoire manuscrit sur le Dauphiné, dressé par M. Bouchu, intendant de la province, en 1698.

rière-ban du Dauphiné, pour marcher au secours de Casal, ville de Piémont, occupée par les Français, et qui était alors investie par les forces de la maison d'Autriche. Il avait nommé, pour commander les gentilshommes dauphinois, le comte de Disimieu, bailli du Viennois et gouverneur de Vienne. C'était un chef tout à fait honorable et qui avait déjà fait ses preuves. Mais la susceptibilité des nobles rassemblés à Bourgoin, et dont plusieurs étaient, dans la hiérarchie nobiliaire, d'un rang plus élevé que le comte de Disimieu, se révolta contre un pareil choix. L'assemblée représenta que la noblesse du dauphiné n'avait jamais été commandée que par le gouverneur de la province ou par le lieutenant du roi, ou enfin par celui de ses propres membres qu'elle désignait. Le roi céda devant ces exigences, et nomma pour commander l'arrière-ban le comte de Sault, son lieutenant-général en Dauphiné.

Bourgoin, ainsi que son mandement, était en ce temps-là, comme il l'avait été dans les siècles précédents, commandé par un châtelain qui était représenté dans les actes ordinaires de ses fonctions par un officier appelé vi-châtelain. C'était sous la surveillance et sous l'autorité du châtelain ou de son substitut, que les affaires de la communauté étaient administrées par deux consuls élus chaque année, le jour de la Saint-Jean-Baptiste, par les habitants réunis en assemblée générale au son de la cloche. Des délibérations prises par les notables de la ville, sous la présidence du châtelain, réglaient tout ce qui était relatif aux revenus, aux taxes et aux dépenses de la communauté.

Les châtelains, qui avaient été dans le principe choisis par les dauphins, seigneurs immédiats de Bourgoin, et ensuite par les rois-dauphins, étaient, au XVIIe siècle, nommés par les seigneurs particuliers auxquels la terre domaniale de Bourgoin avait été cédée, et qui la détenaient à titre de domaine engagé.

J'ai, en effet, sous les yeux un document qui rappelle que la seigneurie de cette terre avait été aliénée pour la première fois par le roi François Ier, en faveur d'un gentilhomme du nom de Dupré ; ce fief avait passé plus tard dans la maison de Montafié. Anne de Montafié, qui épousa vers la fin du XVIe siècle Charles de Bourbon-Soissons, fils de Louis Ier, prince de Condé, avait fait passer, par son mariage, la terre de Bourgoin dans la maison de Soissons. En 1645, Marie de Bourbon-Soissons, épouse du prince de Carignan, et sa nièce, Marie d'Orléans de Longueville, la possédaient par héritage. On trouve à cette date, sur les registres des délibérations conservés à la mairie, la transcription de deux actes par lesquels le prince de Carignan et le duc Henri de Longueville, tuteur de Marie d'Orléans, sa fille, confèrent la charge de châtelain de la terre et seigneurie de Bourgoin, à noble Humbert de Loras de Montplaisant. D'autres actes aussi conservés à la mairie de Bourgoin, établissent que les mêmes princesses possédaient encore cette terre en 1679, et que, vers 1730, c'était un prince de Guise qui était seigneur de

Bourgoin. Quelques années après cette dernière date, la même seigneurie avait passé sur la tête de messire Gabriel Planelli Mascrani de Lavalette, marquis de Maubec, dont la famille en est restée en possession jusqu'à la révolution.

Mais, en dernier lieu, les droits et les prérogatives du seigneur engagiste étaient à peu près nuls au point de vue politique. Il n'avait nullement à s'ingérer dans l'administration et la direction de la ville, et il ne lui restait guère que les droits utiles de la seigneurie, tels que les cens et rentes foncières, et quelques redevances féodales comme le droit de *leyde* sur les grains vendus à la halle : encore ces droits étaient-ils sans cesse contestés. Le seigneur nommait le juge et le châtelain du mandement ; il possédait le château, édifice peu important, dont une portion est encore debout, et qui paraît avoir été construit au XVe siècle (1). C'est dans

(1) Il ne faut pas confondre ce château avec celui de Beauregard, qui était déjà en ruine bien avant les guerres de religion.

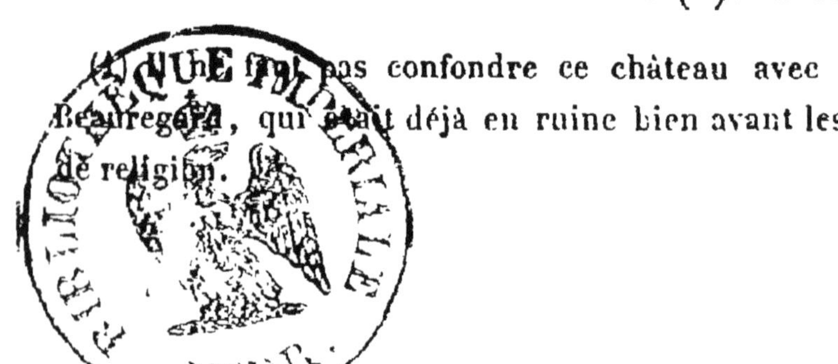

ce château, où le seigneur ne faisait pas sa résidence, qu'étaient déposés les terriers et les archives de la seigneurie. Ce dépôt devait fournir beaucoup de documents précieux sur le passé de Bourgoin; mais en 1791, tous les titres, registres et papiers que contenaient ces archives, furent brûlés sur la principale place publique de Bourgoin.

Dans le courant du siècle dernier, Bourgoin était le chef-lieu d'une subdélégation de l'intendance du Dauphiné. Les fonctions des subdélégués offraient beaucoup d'analogie avec celles des sous-préfets actuels. La subdélégation de Bourgoin comprenait toutes les paroisses situées dans les cantons de Bourgoin, Crémieu et la Tour-du-Pin, et de plus, six paroisses qui font aujourd'hui partie du canton de Morestel, la paroisse de Biol, et enfin treize paroisses des cantons actuels de la Verpillière et de Saint-Jean de Bournay. Une autre subdélégation était établie au Pont-de-Beauvoisin et avait dans son ressort les cantons actuels du Pont, de Saint-Geoire, de Virieu et de Morestel.

On voit dans l'Almanach général du Dauphiné pour 1788, que la subdélégation de Bourgoin contenait alors une population totale de 35,160 individus. Dans ce nombre, Bourgoin devait figurer pour près de 3,500 âmes, car c'est le chiffre établi par le dénombrement qui fut fait en l'an IX (1801), et il est peu probable que dans les douze années de troubles et de guerres qui ont précédé cette date, il y ait eu un accroissement sensible de la population.

La ville de Bourgoin était administrée par un maire et deux échevins. Le maire était nommé par le gouverneur de la province et choisi sur une liste de trois candidats désignés par les habitants (1). Il réunissait ordinairement à cette fonction celle de châtelain du mandement que lui conférait le seigneur, et qui lui attribuait une juridiction pour les affaires d'une minime importance.

Pour toutes les autres affaires, la justice était

(1) V. Délibérations des 9 novembre 1783 et 20 janvier 1784, à la mairie de Bourgoin.

rendue aux habitants de Bourgoin par le juge particulier du mandement qui siégeait à Vienne. On appelait des décisions de ce juge devant le vi-bailli, c'est-à-dire devant le tribunal du bailliage du Viennois, qui avait, depuis Louis XI, son siége à Vienne. Enfin, l'on avait la faculté d'appeler une seconde fois devant le parlement, des sentences du vi-bailli.

Le commandement de la ville et de la subdélégation sous le rapport militaire, était confié à un gouverneur particulier, qui était en dernier lieu le marquis de Beffroy.

Le bourg de Jailleu, qui joint immédiatement Bourgoin et qui est aujourd'hui une des plus belles communes du département de l'Isère, n'avait pas anciennement l'importance qu'il a acquise depuis. C'était un petit village qui, après avoir formé une communauté distincte de celle de Bourgoin, avait été réuni en 1654 à cette ville, et fut régi par la même autorité municipale jusqu'en 1791, époque à laquelle l'administration supérieure fit de Jailleu une commune particulière, qui s'est considérablement accrue depuis lors, grâce surtout aux belles manufactures qui se trouvent sur son territoire.

XIII.

Séjour de Jean-Jacques Rousseau à Bourgoin. — Conclusion.

—

Je ne puis terminer cette notice, sans rappeler le séjour prolongé que fit à Bourgoin un illustre écrivain, vers l'année 1770.

En 1768, J-J. Rousseau, souffrant, inquiet et cherchant partout un asile où il put se croire à l'abri des persécutions de ceux qu'il regardait comme ses ennemis, était arrivé à Grenoble, où il avait été parfaitement accueilli par le comte de Clermont-Tonnerre, lieutenant du roi en

Dauphiné, qui lui avait promis son appui. De là il vint à Bourgoin, où, à l'abri de ce puissant patronage, il espérait de jouir de quelque tranquillité. Sa correspondance indique qu'il y arriva au commencement du mois d'août 1768, et qu'il s'y installa dans l'auberge de la *Fontaine d'or,* qui n'était alors, ainsi qu'il le dit lui-même, qu'un méchant cabaret. Il y resta jusqu'à la fin du mois de janvier 1769.

C'est à Bourgoin que Rousseau donna le titre d'épouse à Thérèse Levasseur, la vieille compagne de sa vie, comme il l'explique dans sa lettre du 31 août, adressée à M. Lalliaud.

« J'ai le plaisir d'avoir ici depuis quelques
» jours (dit-il), la compagne de mes infortu-
» nes ; voyant qu'à tout prix elle voulait suivre
» ma destinée, j'ai fait en sorte au moins qu'elle
» pût la suivre avec honneur. J'ai cru ne rien
» risquer de rendre indissoluble un attachement
» de 25 ans, que l'estime mutuelle, sans la-
» quelle il n'est point d'amitié durable, n'a fait
» qu'augmenter incessamment. La tendre et

» pure fraternité dans laquelle nous vivons de-
» puis 13 ans, n'a point changé de nature par
» le nœud conjugal ; elle est et sera, jusqu'à la
» mort, ma femme par la force de nos liens, et
» ma sœur par leur pureté. Cet honnête et saint
» engagement a été contracté dans toute la sim-
» plicité, mais aussi dans toute la vérité de la
» nature, en présence de deux hommes de mé-
» rite et d'honneur, l'un officier d'artillerie et
» fils d'un de mes anciens amis du bon temps,
» c'est-à-dire avant que j'eusse aucun nom dans
» le monde ; et l'autre, maire de cette ville, et
» proche parent du premier. Durant cet acte si
» court et si simple, j'ai vu fondre en larmes
» ces deux dignes hommes, et je ne puis vous
» dire combien cette marque de bonté de leurs
» cœurs m'a attaché à l'un et à l'autre... »

Les deux personnes dont parle ici Rousseau, sont nommées par lui dans sa lettre au comte de Clermont-Tonnerre, du 18 septembre : c'étaient M. de Rosière, officier d'artillerie, et M. Champagneux, son cousin, maire et châtelain de Bourgoin, homme d'un mérite supérieur, et qui, après avoir administré la ville et le mandement de Bourgoin pendant de nombreuses années, a été plus tard secrétaire général du ministère de l'intérieur, sous le ministre Roland, dont il était l'ami intime. J'ai eu sous les yeux des fragments de mémoires manuscrits, où M. Champagneux confirmait et racontait dans tous ses détails, l'événement mentionné dans la lettre de Rousseau.

Après avoir demeuré près de six mois à Bourgoin, Rousseau, attribuant le mauvais état de sa santé à l'air humide que le voisinage des marais faisait alors régner dans le pays, et cherchant d'ailleurs une solitude plus complète, se décida vers la fin du mois de janvier 1769, à aller habiter un appartement que M. de Césarges lui avait fait préparer dans sa ferme de Montquin, à une demi lieue de Bourgoin, et non loin de l'ancien château de Maubec. Il y resta jusqu'au milieu du mois de juin 1770, et quitta alors le Dauphiné pour retourner à Paris.

Il ne paraît pas que dans le temps où il résidait dans notre contrée, Rousseau se soit occupé d'un travail littéraire de quelque importance : il s'adonnait presque exclusivement à la botanique. Ses lettres datées de Bourgoin et de Montquin, témoignent des chagrins incessants qui le dévoraient. Son caractère devenu de plus en plus ombrageux, lui faisait voir partout des ennemis et des traîtres ; il se croyait toujours environné de complots et d'embûches. Toutefois, son cœur n'avait pas cessé d'être sensible et généreux. — Pauvre et presque sans ressource, il montrait le plus grand empressement à venir, sans ostentation, en aide aux infortunes. J'ai entendu des vieillards qui l'ont connu, citer avec attendrissement les nombreux actes de bienfaisance qui avaient marqué son séjour à Bourgoin ou dans le voisinage.

Le modeste logement que cet homme célèbre a occupé à Montquin, est encore dans l'état où il l'a laissé ; le temps seul y a causé quelques dégradations.

Autrefois le souvenir de Rousseau attirait dans ce lieu de nombreux pélérinages, et l'on y trouve inscrits sur les murs les noms d'une multitude de visiteurs.

Ici se clot la série des souvenirs qui ont fait l'objet de mes recherches sur Bourgoin. Les faits qui se sont accomplis à la grande époque de 1789, et dans les temps postérieurs, sortent du cadre que je me suis tracé. J'ai eu d'autant moins à m'occuper des événements et des institutions de cette époque moderne, que j'aurais pu dire peu de choses qui fussent ignorées du lecteur.

On me permettra de terminer par une réflexion que m'a suggérée l'examen attentif de tous les anciens documents que j'ai consultés, réflexion qui, pour être banale, n'en est pas moins vraie et consolante :

Il est encore des gens qui louent le bon vieux temps, et qui, frappés des agitations et des misères de l'époque actuelle, regrettent la tranquillité, le bien-être et les vertus de nos aïeux. Pour faire justice d'un pareil préjugé, il suffit d'étudier avec soin l'histoire des siècles dont je me suis superficiellement occupé dans cette notice. Si, après avoir remonté aux temps malheureux qui ont accompagné et suivi l'invasion des barbares, on arrive à l'époque féodale, on est frappé de l'effroyable anarchie, de la barbarie, et même de la corruption des mœurs qui régnaient généralement alors, et qui se produisaient à chaque instant en faits déplorables. Nulle sécurité pour les personnes et pour les biens; des luttes et des déprédations incessantes; chaque ville, chaque bourg, chaque château armés l'un contre l'autre et exposés à des surprises continuelles; les champs ravagés, les villages incendiés, pillés; les exactions et l'oppression des seigneurs faiblement contenues par l'influence du clergé et par des chartes d'affranchissement, souvent méconnues et violées; telle est, en raccourci, le tableau que nous offre cette période si vantée par quelques-uns. Plus tard, nous rencontrons les affreuses calamités des guerres civiles et religieuses. Puis nous arrivons aux deux derniers siècles, époque un peu moins tourmentée, il est vrai, et où les idées de justice et d'humanité prévalent de plus en plus, mais où le sort des populations est encore déplorable. Les faits des histoires particulières, plus encore que ceux de l'histoire générale, viennent attester la vérité de cet aperçu. Assurément, l'état de choses actuel laisse encore beaucoup à désirer; mais combien n'est-il pas préférable à celui qui existait, même dans le dernier siècle! A quelle distance ne sommes-nous pas, dans la voie des améliorations, au point de vue matériel et moral, de ceux qui nous ont devancés?

APPENDICE.

Bourgoin, comme bien d'autres localités, a dû, en différents temps, donner naissance à des hommes distingués par leur mérite et les positions élevées qu'ils ont occupées; mais le souvenir de peu d'entr'eux a été conservé jusqu'à nous. Je regarde comme un devoir de consigner ici le nom et les principales phases de la vie d'un enfant de Bourgoin, dont l'existence appartient tout à la fois au siècle passé et au nôtre, et qui, par ses vertus autant que par ses talents, put atteindre une des dignités les plus élevées dans l'église de France. Je veux parler de Mgr l'archevêque Raillon.

Jacques Raillon naquit à Bourgoin en 1762 d'une famille honorable. De bonne heure admis dans l'intimité de Mgr de Merci, évêque de Luçon, Dauphinois comme lui et né dans le village de Ruy, près de Bourgoin, il fut appelé dans le diocèse de ce prélat, et après de brillantes études au séminaire de Luçon, fut nommé par lui à une importante cure. C'est là qu'il se trouvait lorsque éclata la révolution de 1789. M. Raillon se rendit à Paris en 1790 et y publia une brochure intitulée : *Appel au peuple catholique.* Après cette publication, il émigra en Italie, et pendant un séjour de dix ans, tant à Florence qu'à Venise, au milieu d'illustres familles qui, comme lui, avaient fui le sol bouleversé de la France, il ne cessa de travailler à des ouvrages moraux et religieux. C'est là qu'il publia des idylles ainsi que *le Temple de l'amitié.* Le premier de ces ouvrages reçut la plus flatteuse approbation dans les journaux de Paris, vers les commencements de l'empire, et fut admis par l'Université au nombre des ouvrages destinés à être donnés en prix aux élèves des colléges.

Rentré en France sous le consulat, il fut, en 1803, chargé de l'éducation du second fils de l'illustre Portalis, ministre des cultes.

M. Portalis apprécia bientôt l'esprit juste, le

tact exquis, les formes polies et les vastes connaissances de M. Raillon. On le nomma d'abord interprète des langues étrangères au ministère des cultes, puis chanoine titulaire à l'église cathédrale de Paris. C'est en sa qualité de chanoine et comme archidiacre de Sainte-Geneviève, qu'il prononça dans cette église plusieurs oraisons funèbres aux obsèques de divers personnages illustres inhumés au Panthéon, et notamment celles de MM. Crétet, Vivien, etc., etc., ministres et sénateurs. L'éclat qu'eurent ces discours fit choisir M. Raillon pour prononcer, en 1806, l'éloge de l'Empereur, au 15 août, jour de sa fête, qui était alors célébrée annuellement dans tout l'empire. A cette cérémonie, dans l'église de Notre-Dame de Paris, se rendaient tous les grands corps de l'Etat, les membres de l'Institut et tous les hauts fonctionnaires de la capitale. Le remarquable succès qu'eut cet éloge de Napoléon, fit désigner M. Raillon pour le premier évêché vacant. Il fut nommé, en effet, en 1809, à l'important diocèse d'Orléans, où sa mémoire est toujours restée chère et vénérée.

A l'époque de la restauration, M. Raillon rentra pendant quelques années dans la vie privée; mais son mérite éminent devait, au bout de quelques années, le faire tirer de sa retraite et appeler de nouveau aux honneurs de l'épiscopat. En 1827, il fut promu à l'évêché de Dijon, où il déploya pendant quelques années, et au milieu de circonstances difficiles, un rare esprit de conciliation. Aussi, en 1831, l'archevêché d'Aix s'étant trouvé vacant, ce fut sur lui que se porta le choix du roi Louis-Philippe. C'est là que sous le ciel brûlant du midi, au milieu de l'effervescence des passions politiques, attisées par la révolution de juillet qui était toute récente, M. Raillon sut agir et parler avec tant de mesure, de prudence et de sagesse, qu'il contribua puissamment à calmer les exaspérations de l'esprit de parti. Son succès fut aussi complet que possible; aussi voyait-on dans son salon toutes les notabilités de la ville d'Aix et du département, sans distinction d'opinions. C'est dans cette haute position que le digne prélat termina son honorable carrière, laissant d'unanimes regrets et un souvenir approbateur qui ne s'éteindra pas.

SAINT-CHEF.

Parmi les communes qui environnent Bourgoin, aucune n'est plus florissante que celle de Saint-Chef. Renommée pour ses bons vins et pour les autres productions variées de son beau et fertile territoire, cette localité se recommande encore par les intéressants souvenirs de son existence passée. La vénérable basilique de son ancienne et célèbre abbaye offre à l'attention des touristes et des amateurs un remarquable sujet d'études; car ce monument est, au dire des connaisseurs, une des productions les plus considérables de l'architecture romane en France.

C'est par saint Theudère que le monastère de Saint-Chef fut primitivement fondé vers l'année

567. Ce saint, dont l'évêque Adon a écrit l'histoire, était né dans le village d'*Arcisse*, qui dépend aujourd'hui de la vaste commune de Saint-Chef.

« Theudère vivait alors, dit Chorier; l'évêque » Philippe lui donna la charge de grand-pénitentier dans Vienne, et l'y arrêta. Mais il avait » déjà rempli la France de sa réputation et établi » un célèbre monastère en un lieu qui avait alors » le nom d'*Alarone*, et qui a maintenant celui » de Saint-Chef. Ce n'était alors qu'une épaisse » forêt, dont ce monastère occupait le fond, » mais aujourd'hui il est accompagné d'un » bourg qui cède à peu d'autres. Ce grand anachorète était né dans le village voisin : Adon » le nomme *Assise*, et en ce temps nous l'appelons *Arcisses* (1). »

« Saint-Theudère, dit le même historien dans » un autre passage, est appelé *Theodarius* dans » les anciens martyrologes, et entr'autres dans » celui d'Adon. Son corps ayant été déposé dans

(1) Chorier, t. 1er, p. 603-604.

» l'église de Vienne, où il demeura quelque
» temps, fut porté depuis dans l'abbaye qu'il
» avait fondée, située dans un vallon qui avait
» alors le nom de *Vallis-Rupiana*, comme le
» territoire qui l'entoure a celui d'*Alarone* (1).»

De nombreuses habitations n'avaient pas tardé à se grouper autour du monastère, et à former le bourg important qui subsiste encore aujourd'hui. C'est à la sainte Vierge que cette abbaye paraît avoir été d'abord dédiée; elle prit ensuite le nom de saint Theudère, son fondateur.

Au IXe siècle le chapitre des moines de Saint-Theudère avait été détruit. L'archevêque Barnouin le reconstitua avec quelques moines de *Montirandel*, en Champagne, qui s'étaient réfugiés dans son diocèse, après avoir été chassés de leur monastère par les Normands. Le pape Formose confirma cet établissement en 892, et permit à ces moines de se choisir un abbé, à la charge de payer tous les ans à l'archevêque de Vienne une livre d'argent. On voit dans cer-

(1) Chorier, t. 2. p. 221.

tains documents que ce fut à la prière du comte Hugues, que Barnouin donna à ce monastère divers cens et revenus qui appartenaient à son église dans quelques paroisses des environs, telles que celles d'Arcisse, Dizimieu, Vignieu, Vasselin, etc. Louis, fils de Bozon et son successeur au royaume de Bourgogne, autorisa les priviléges qui avaient été accordés à cette abbaye par le pape et par l'archevêque (1).

Le nom de Saint-Theudère que portait l'abbaye et qui lui est donné dans toutes les chartes latines, se transforma plus tard en celui de Saint-Chef, qui a fini par prévaloir et est seul resté celui du monastère et du bourg. Chorier prétend que ce nouveau nom avait été adopté dans les habitudes vulgaires, parce qu'un riche reliquaire qui contenait la tête de saint Theudère, était exposé dans l'église de l'abbaye (2).

Mais il paraît, au contraire, certain que cette relique, exposée à la vénération des fidèles, était

(1) Valbonnais, t. 1er, p. 237-238.

(2) Chorier, t. 2, p. 122.

la tête de saint Thibaud, archevêque de Vienne, au xe siècle, qui avait été l'un des restaurateurs du monastère. De nombreux pèlerins se rendaient constamment à l'église de Saint-Theudère, pour recourir à l'intercession de ce patriarche du monastère et à celle de saint Thibaud ; et, selon Charvet, historien de l'église de Vienne, l'habitude de dire : « *Allons au saint chef,* » fit probablement adopter la dénomination de ce lieu.

Une inscription que l'on voyait naguère, à côté de la petite porte communiquant de l'église aux cloîtres, est un témoignage de la vénération toute particulière dont le chef de saint Thibaud était l'objet à l'abbaye de saint Theudère. Voici en toutes lettres le texte de cette inscription, dégagé des signes abréviatifs qui en gênent la lecture :

ANNO : DOMINI : M : CCC : LXII : FECIT : FIERI : CAPVD : BEATI : THEOBALDI : IN ECCLESIA : PRESENTI : FRATER : JOANNES : DE : SANCTO : GENISIO : SACRISTA :

SANCTI : THEVDERII : ITEM : MAGNUM : CALICEM : PONDERIS : QVATVOR : MARCIS : ARGENTI : ITEM : PLANTAVIT : VINEAM : JVXTA : LOREPLAT : AD : OPVS : SACRISTIE : ITEM : DEDIT : VINEAM : FAETE : CANTVERE : BEATE : MARIE . VIRGINIS : ITEM :..,..

Cette inscription peut être traduite ainsi :

« L'an du seigneur 1362, trère Jean, de St-» Genis, sacristain de Saint-Theudère, a fait » faire le chef du bienheureux Thibaud, dans » l'église de céans, de même qu'un grand calice » du poids de quatre marcs d'argent. De même, » il a planté une vigne près du Replat, pour » l'œuvre de la sacristie. De même, il a donné » la vigne de la Faita à la chantrerie de la bien-» heureuse Vierge Marie. De même.... »

Saint Léger, aussi archevêque de Vienne, qui vint après saint Thibaud et mourut en 1069, continua la réédification du monastère et de son église.

« Il releva, dit Chorier, l'église et l'abbaye de

» Saint-Chef, dont Saint-Theudère était le fon-
» dateur. Elle était tombée en ruines, et il la
» rétablit dans l'état où elle est encore aujour-
» d'hui. Elle est un illustre monument de son
» zèle et de sa magnificence. Aussi, on voit sa
» statue au-dessus du portail, avec celle de ce
» saint anachorète (1). »

L'abbaye de Saint-Theudère, ou plus vulgairement de Saint-Chef, était riche et puissante. C'était une abbaye chef-d'ordre, soumise à la règle de Saint-Benoît, et qui avait sous sa dépendance un assez grand nombre de prieurés de Bénédictins, parmi lesquels on peut citer : 1° le prieuré de la Buisse ; 2° le prieuré de Tullins ; 3° le prieuré de Penol ; 4° celui de Saint-Alban, qui fut réuni à l'abbaye en 1247 ; 5° celui de Lieu-Dieu ; 6° celui de Crémieu, dédié à saint Hippolyte, et qui fut réuni à l'abbaye en 1247 ; 7° celui de Jailleu, réuni à l'abbaye en 1247 ; 8° celui de Vézeronce ; 9° celui de la Tour-du-

(1) Chorier, t. 2, p. 12.

Pin ; 10° celui de Voissant ; 11° celui de Chirens (1).

Les abbés de Saint-Chef jouissaient, du temps des Dauphins, d'une grande influence. On les voit figurer dans plusieurs événements importants de l'histoire de ces princes, dont ils étaient les auxiliaires et auxquels ils servaient de conseils et de médiateurs dans leurs différends avec les princes et seigneurs voisins.

En 1245, il se tint à Lyon un concile œcuménique où Hugues de Saint-Chef, né dans le bourg de ce nom, fut fait cardinal (2).

Le château et le mandement de Demptézieux apparteaient aux abbés de Saint-Chef; mais les Dauphins se prétendaient leurs suzerains à raison de cette seigneurie. En 1270, Ainard, abbé de Saint-Chef, fit un traité avec Béatrix, veuve

(1) V. la nomenclature des anciens couvents du diocèse actuel de Grenoble, dans l'Almanach de la Cour royale de 1840. Il y avait en dehors du diocèse actuel de Grenoble beaucoup d'autres prieurés dépendant de Saint-Chef, mais dont nous n'avons pas les noms.

(2) V. Chorier, t. 2, p. 122.

du dauphin Guigues-André, pour régler ces prétentions. Il reconnut tenir ce château et cette terre en fief du Dauphin, et promit d'entretenir fidèlement les conventions qui avaient déjà été arrêtées entr'eux à ce sujet. Le principal article de ces conventions était que l'abbé, même à raison de la ville de Saint-Chef, qui a dans l'acte le nom de Saint-Theudère, serait tenu de secourir le Dauphin dans les guerres qu'il aurait entre le Rhône et l'Isère (1).

Cet accord fut renouvelé plus tard, en 1288, entre Aymon, abbé de Saint-Chef, et le dauphin Humbert Ier, qui, entr'autres engagements, prit celui de défendre envers et contre tous, sauf contre l'archevêque, l'abbaye et ses dépendances (2). »

Dans les fréquents conflits qui s'élevaient entre les Dauphins et les comtes de Savoie, Saint-Chef était considéré comme place indépendante, et ses abbés savaient faire respecter cette indé-

(1) Chorier, t. 2, p. 149.

(2) Valb., t. 1, p. 237.

pendance. « C'était en ce temps-là, dit Chorier, » une petite ville assez importante, pour que » son alliance fut recherchée par les Dauphins » et les comtes de Savoie, plutôt que de se » trouver classée parmi leurs sujets (1). »

La petite ville de Saint-Chef était fortifiée et défendue par un château, qui fut assiégé et pris plusieurs fois dans le cours des guerres féodales; car, de même que la plupart des grands seigneurs ecclésiastiques, les abbés de Saint-Chef et leurs vassaux prenaient souvent part à ces guerres. Le château-fort de Saint-Chef et les murailles du bourg, ont subsisté jusqu'en 1576, époque à laquelle, pendant les guerres de religion, ils furent rasés par les ordres de Gordes, lieutenant-général du roi en Dauphiné. C'était après la prise de Morestel par le parti catholique, et Gordes, qui se trouvait alors à Bourgoin, fit raser en même temps les fortifications de Morestel et le château d'Albon (2).

(1) Chorier, t. 2, p. 221.

(2) Chorier, t. 2, p. 674.

Les richesses et l'indépendance de la puissante abbaye de Saint-Chef, n'avaient pas tardé d'y faire naître une grande corruption de mœurs et l'anarchie la plus complète : « En 1278, dit Cho-
» rier, les désordres de l'église de Vienne pas-
» sèrent à celle de Saint-Chef. Un écrivain de ce
» temps-là dit que cette abbaye si célèbre était
» diffamée par la dissolution et par l'insolence
» de ses membres. » L'archevêque s'y transporta en toute hâte avec des forces imposantes. Son premier soin fut de se mettre en possession du château, qui était un fief de l'église de Vienne, et d'y placer une forte garnison. Il sévit ensuite contre ceux des moines qui s'étaient le plus signalés par leur vie licencieuse et par leur turbulence, et en chassa une bonne partie du monastère. Il plaça les autres qui étaient moins incorrigibles sous la direction des anciens qui n'avaient point eu de part à ces débordements. L'abbé, qui avait montré une coupable tolérance, fut forcé de résigner ses fonctions, qui furent données à un autre plus digne, et la

discipline fut rétablie pendant quelques années dans ce lieu que des scandales aussi éclatants n'auraient jamais dû souiller (1).

Mais au bout d'un certain nombre d'années, de nouveaux désordres s'étaient introduits dans l'abbaye, et le Pape dut intervenir pour y apporter un remède énergique, en enlevant désormais à cet antique monastère l'indépendance dont il avait joui jusque-là.

En 1520, l'abbé venait de mourir, et il s'agissait d'en élire un nouveau; les moines ne purent parvenir à s'entendre pour ce choix, et leurs brigues, leurs cabales, et même leurs violences, furent poussées à un degré tel, que leur discorde était devenu un scandale public (2).

(1) Chorier, t. 2, p. 160.

(2) « Plusieurs d'entr'eux, dit Chorier, espéraient à » l'honneur de la première place, et peu le méritaient ; » et encore ce n'était pas ceux-ci que l'on regardait. Quand » la désobéissance et le libertinage sont entrés dans un » monastère, le premier soin des moines pervertis est, » sinon d'empêcher que la vertu y soit honorée, du moins » de faire qu'elle y soit sans autorité. » Tom. 2. p. 238.

Pour faire cesser cet état de choses et mettre à l'avenir un frein aux abus et aux excès de ces indociles religieux, le pape Jean XXII fulmina une bulle d'après laquelle ils étaient désormais déchus du droit de nommer leur abbé, et placés sous l'autorité immédiate de l'archevêque de Vienne, qui fut nommé leur abbé perpétuel (1).

L'abbaye, ainsi réduite à une condition subordonnée, eut une existence plus modeste, mais plus digne, jusqu'au moment où, en 1536, elle subit une transformation complète. A cette époque ce monastère fut sécularisé. Une bulle authentique du pape Paul III, rendue avec le consentement du roi François Ier, exempta les moines de Saint-Chef de l'obligation de faire des vœux ; ils furent mis sur le pied des chanoines des églises collégiales, avec cette distinction spéciale, qu'on ne pouvait être admis dans le chapitre qu'après avoir fait preuve d'une noblesse ancienne, tant du côté paternel que du côté maternel (2).

(1) Chorier, t. 2, p. 138. — (2) Valb., t. 1er, p. 238.

Le nouveau chapitre ainsi constitué subsista jusqu'au moment de sa translation à Vienne, qui s'opéra dans le cours du dernier siècle. Vers 1749, ses chanoines, tous nobles de naissance et dont les goûts mondains s'accomodaient mal d'un séjour trop monotone et trop triste, avaient sollicité avec énergie cette translation.

En 1765, une bulle du pape prononça la suppression du chapitre de Saint-André-le-Bas à Vienne, et ordonna sa réunion à l'église collégiale de Saint-Theudère. Cette bulle reçut son exécution en 1774, malgré l'opposition du chapitre métropolitain de Saint-Maurice, opposition appuyée par les paroissiens et le prieur de l'église de Saint-André, le vi-bailli, les consuls et les chevaliers résidant à Vienne. Les chanoines de Saint-Chef allèrent, au nombre de dix-huit, prendre possession de l'abbaye de Saint-André-le-Bas. Ils emportèrent dans cette église leur plus grosse cloche qui est encore celle de la paroisse Saint-André. Elle pèse, dit-on, mille kilogrammes, et elle est remarquable par sa grave et harmonieuse sonorité. Elle offre une inscription qu'il peut être intéressant de reproduire ici, parce qu'elle relate les noms des derniers chanoines de Saint-Chef :

JACENTES . EXCITO . SOMNOLENTOS . INCREPO . PERVIGILES . EXHILARO . NEGANTES . ARGVO . DD. DE . RACHAIS . DEC . BELLECIZE . CAMER . LATOUR . SACR . BATINES . OP . CHARCONNE . REF . CHATEAVNEVF . INF . BIENASSIS . ELEEM . BONTE . HOST . NEYRIEV . DARCES . PP^{i} . SACER . VEYRIN . BARDONNENCHE . DORIOL . SAINT PRIEST . LORAS . MICHALLON . VALIER . CORDON . MORIAC . SAINT OURS . DELISLE . DOLOMIEV . CAN^{ci} . 6 PREB . VAC . FVDERVNT . JOAN . ET . NICOL . CHATELAIN . LINGONENSES . ANN . DOM . MDCCLXI (1).

(1) Je fais lever ceux qui sont couchés, je réprimande les endormis, je réjouis ceux qui veillent, j'accuse les paresseux. MM. de Rachais, doyen; de Bellecise, camérier; de LaTour, sacristain; de Batines, maître de l'œuvre; de Char-

Le nouveau chapitre de Saint-André-le-Bas fut réuni lui-même en 1777 à celui de Saint-Pierre de Vienne, en vertu d'une bulle du pape Pie VI; la révolution les anéantit tous les deux.

De l'abbaye de Saint-Chef, il ne reste plus aujourd'hui que l'église, à laquelle l'état et l'administration départementale font faire depuis quelques années des restaurations importantes.

Ce monument précieux d'architecture a été décrit dans une excellente notice que M. Victor Teste a publié dans la Revue du Lyonnais. Voici la description que donne un juge aussi compétent en pareille matière :

« Deux styles sont nettement formulés dans la basilique de Saint-Chef : le style latin et le

conne, réfecturier; de Châteauneuf infirmier; de Bienassis, aumônier; de Bonte, hôtelier; de Neyrieu, d'Arces, prêtres perpétuels; de Veyrin, de Bardonnanche, d'Oriol, de St-Priest, de Loras, de Michallon, de Valier, de Cordon, de Moriac, de Saint-Ours, de l'Isle, de Dolomieu, chanoines. Six prébendes vacantes.

Jean et Nicolas Châtelain, de Langres, ont fondu cette cloche l'an du Seigneur MDCCLXI.

style romano-bysantin primaire. Le premier fut usité du IVe au XIe siècle, et le second au XIe siècle.

» Le plan de l'édifice est celui d'une croix latine. Trois nefs règnent dans sa longueur jusqu'aux transsepts. La nef majeure a de largeur 9 mèt. 15 cent. Les nefs latérales ont chacune 3 mèt. 875 mil. Les piliers ont, à leur base, 1 mèt. carré; largeur totale : 18 mèt. 90 c. La largeur prise de l'extrémité d'un transsept à l'autre, est d'environ 29 mètres. Les murs ont une épaisseur de 1 mèt. 50 cent.

» La longueur du vaisseau jusqu'aux transsepts, est de 26 mèt. 80 cent., et depuis les transsepts jusqu'au fond de l'apside, 13 mèt. 10 cent.; longueur générale : 39 mèt. 90 cent. L'élévation de l'édifice est en harmonie avec son plan.

» Pour établir une concordance entre les dates historiques et les deux styles dont se résume l'ensemble du monument, nous établirons d'abord une délimitation. Tout le vaisseau renfermant les trois nefs appartient au style latin, et a été élevé dans la deuxième moitié du xe siècle. Construit en pierre molasse, dont la carrière est perdue, il se compose de sept travées d'arcades dont la retombée a lieu sur des piliers primitivement carrés, munis d'une simple imposte, taillé en biseau. Des fenêtres, de moyenne dimension, ont leurs archivoltes formées de moellons appareillés sans interposition de briques. Les murs sont construits dans le petit appareil.

» Le plan primitif de l'édifice devait être celui d'une basilique sans transsepts, terminée par une apside accompagnée de deux chapelles. Le chœur était placé en avant de l'abside, et occupait deux travées. Cette disposition pourrait être démontrée par l'existence de trous pratiqués, par deux et par trois, dans le tympan de deux arcades correspondantes, et aboutissant à des vases de poterie, dans le but de répercuter la voix des chantres. Cette même disposition a été remarquée dans la basilique d'Ainay, de Lyon, avant les restaurations qui ont dénaturé le caractère de ce vénérable temple.

» La basilique de Saint-Theudère ne fut pas destinée à recevoir des voûtes, mais de simples lambris, comme celle de Saint-Pierre, de Vienne. Un toit à deux pentes couvre les trois nefs, dont l'existence n'est accusée, à l'extérieur, que par la disposition de trois fenêtres à plein cintre sur la façade.

» Nous avons dit dans notre premier article que l'archevêque de Vienne Barnouin, vers la fin du IXe siècle, forma le chapitre de Saint-Chef, qui avait été détruit, de quelques moines de Montirandel, en Champagne, qui s'étaient réfugiés dans son diocèse après avoir été chassés de leur monastère par les Normands. Nous pourrions, sans être en opposition avec les règles de la science monumentale, attribuer à ce prélat la construction de la partie de l'édifice que nous avons détruite; mais si nous mettons en parallèle la question du rétablissement du monastère de Saint-Chef par quelques moines, avec la grandeur des proportions des trois nefs de la basilique, nous serons fondé à reporter la date à un siècle environ plus tard, à une époque d'accroissement, et à regarder l'archevêque saint Thibaud comme le véritable édificateur, ainsi que nous avons essayé déjà de le démontrer. Cette époque sera la deuxième moitié du xe siècle.

» Les transsepts et l'abside appartiennent au style romano-bysantin primaire (xie siècle). L'archevêque saint Léger aurait fait construire cette partie importante de l'édifice. A la même époque aurait été refait le mur de façade, ainsi que le témoignent le même appareil moyen, les chapiteaux des colonnettes des fenêtres, et les piliers engagés, munis de deux demi-colonnes. Aucune coupole ne s'élève à l'intersection des transsepts, qui devraient être couronnés par des tours; celle de droite a seulement un premier étage. L'abside est flanquée de quatre chapelles voûtées comme elle en quart de sphère. Les grands arcs sont supportés par des piliers à colonnes engagées; les petits arcs reposent sur des colonnettes. C'est ici que règnent la richesse et l'harmonie des lignes et des masses. Au-dessus des transsepts s'élèvent des tribunes (*triforium*) percées de trois arcades. Ces deux tribunes ont une communication visuelle par le moyen d'arcs géminés ou écrans, ouverts au-dessus des grands arcs du chœur. Un escalier à vis, pratiqué dans l'épaisseur du mur, donne accès à ces tribunes. Celle de gauche est remarquable par la fondation d'une chapelle dont nous devons donner une courte description. Elle appartient à la deuxième moitié du XIIe siècle, et les peintures qui décorent les murailles et les voûtes datent de cette époque. L'ornementation est empruntée à l'architecture romano-byzantine secondaire. Un petit autel s'élevait dans l'abside, sur un pavé en mosaïque formulant d'élégants rinceaux. Nous reproduisons en toutes lettres, en conservant son orthographe, une inscription peinte derrière l'autel, sur le mur de l'abside, et rapportant la dédicace de cette chapelle :

CONSECRATVM . EST . HOC . ALTARE . IN . ONORE . DOMINI . NOSTRI . JHESV .

XRISTI . ET . SANCTORUM . ARCHANGELORVM . MICAELIS . GABRIELIS . ET . RAPHAELIS . ET . SANCTI . GEORGII . MARTYRIS (1).

» Sur la voûte en arc de cloître, le peintre a représenté le paradis. Le Christ au centre, dans une auréole appelée par quelques auteurs *vesica piscis*, est entouré d'un chœur d'anges ; au-dessous sont groupés les saints. Sur l'un des petits côtés est représentée la Jérusalem céleste, sous la forme d'un palais, dominé par l'*Agnus Dei* dans une nimbe circulaire ; de l'autre côté est la sainte Vierge. Le Père-Eternel est représenté sur la voûte de l'abside. Cet édicule, dont l'ensemble est d'un merveilleux effet, mériterait une publication particulière. L'iconographie chrétienne trouverait dans ces peintures l'une de ses plus belles pages.

(1) Cet autel a été consacré en l'honneur de Notre Seigneur Jésus-Christ et des saints Archanges Michel, Gabriel et Raphaël, et de Saint-Georges, martyr.

» La basilique de Saint-Theudère subit une restauration considérable à la fin du xve siècle. L'on abattit alors les angles des piliers carrés de la nef majeure, pour leur donner la forme octogonale, et on les décora de bases et de chapiteaux à moulures. Les lambris et les combles furent relevés; ces derniers prirent la forme aigue. La façade fut décorée d'un portail à deux baies, d'une délicatesse et d'une richesse d'exécution remarquables, et une rosace fut établie au-dessus de la fenêtre centrale.

» En terminant notre aperçu descriptif, nous ferons remarquer le rapprochement de style du chevet de la basilique de Saint-Chef, avec celui d'une grande partie de l'église d'Ainay de Lyon, dont nous avons donné une esquisse monographique dans la Revue du Lyonnais. Nous trouverons aussi des parties homogènes dans la basilique de Saint-Pierre de Vienne.

» Des travaux considérables ont été entrepris par les ordres du gouvernement pour l'assainissement de l'église de Saint-Chef, dont l'abside et le flanc septentrional étaient ensevelis de près de cinq mètres sous un terrain à pente rapide. Ce terrain, consacré depuis longtemps aux sépultures, présentait plusieurs étages de tombes ; il a été enlevé et un chemin de ronde protégé par un bon mur de terrasse, en pierre de Trept, règne dans cette partie de l'édifice. Il est indispensable que ce chemin soit continué au sud ; le gouvernement ne saurait laisser imparfaite une œuvre si bien commencée. Des reprises en pierre de Trept ont été faites partout où les dégradations les réclamaient, et l'on doit les plus grands éloges à l'architecte, M. Quenin, dont l'habileté dans la conception et la direction a su mener à bien des travaux remplis de difficultés. Les entrepreneurs ont rivalisé de zèle et d'abnégation de leurs propres intérêts en poursuivant, sans hésiter, des travaux que le devis n'avait pu prévoir. N'oublions pas de mentionner que des restes d'antiquité romaine ont été découverts dans les fouilles et déposés dans la chapelle supérieure que nous avons décrite. Le bénitier de l'église est lui-même porté sur un cippe romain sans inscription.

» Jusqu'à présent, des travaux de simple construction ont seuls été exécutés pour les réparations urgentes de l'église de Saint-Chef; des travaux d'art devront plus tard avoir lieu, et nous appelons d'avance la sollicitude du Comité des arts et monuments sur leur ordonnance, afin de n'avoir pas à déplorer des actes irréparables comme en ont déjà subi d'autres monuments. Nous prions aussi le Comité de décider que les inscriptions qui existaient à l'extérieur de l'église, dans les cloîtres aujourd'hui détruits, et qui ont été enlevées des murailles pour les soustraire aux actes de vandalisme, soient scellées dans l'intérieur de l'église dans un lieu convenable. L'une de ces inscriptions est remarquable par son ornementation; elle est du XIIIe siècle, et a été signée par le sculpteur : VLDRICVS . ME . FECIT (*sic*). C'est un nouveau nom à ajouter à la liste des artistes du moyen-âge. »

NOTE.

En analysant les souvenirs que les documents anciens fournissent au sujet de l'abbaye de Saint-Chef, j'ai dû, pour me conformer à la vérité historique, rappeler les désordres et les scandales qui s'étaient manifestés à certaines époques dans ce vénérable monastère. Mais qu'on se garde bien de penser que cette partie de mon récit ait eu pour mobile un esprit de dénigrement et de raillerie, et que j'aie pu méconnaître les immenses services que les ordres religieux ont rendu à la société et à la civilisation. En définitive, à Saint-Chef comme dans bien d'autres lieux, l'œuvre des bénédictins a été féconde; c'est à ses moines que ce bourg doit sa création et sa prospérité, et si, quelquefois, la dissolution des mœurs avait pénétré parmi eux, les documents que j'ai cités démontrent eux-mêmes que c'était là une exception, et que les abus nés à la longue, par suite des trop grandes richesses de l'abbaye, et de la corruption générale du temps, furent sévèrement réprimés et punis. A ce propos, je ne puis résister au désir de citer en finissant une opinion qui ne sera pas suspecte : c'est celle de Voltaire. L'immortel écrivain qui, dans certains temps de sa vie, cédant aux aveugles entraînements de sa lutte acharnée contre ce qu'il appelait le fanatisme, a souillé sa plume par d'indignes pamphlets contre la religion et ses ministres, savait, dans ses ouvrages sérieux, alors que sa raison était calme, apporter un remarquable esprit de justice et d'impartialité, et signaler cet admirable bon sens qui est le caractère distinctif de son génie.

« Ce fut longtemps, dit-il, une consolation pour le genre humain, qu'il y eut des asiles ouverts à tous ceux qui voulaient fuir les oppressions du gouvernement Goth ou Vandale. Presque tout ce qui n'était pas seigneur de château était esclave. On échappait, dans la douceur des cloîtres, à la tyrannie et à la guerre.... Le peu de connaissances qui restait chez les barbares, fut perpétué dans le cloître; les bénédictins transcrivirent quelques livres. Peu à peu il sortit des monastères des inventions utiles; d'ailleurs ces religieux cultivaient la terre, chantaient les louanges de Dieu, vivaient sobrement, étaient hospitaliers, et leurs exemples pouvaient mitiger la férocité de ces temps de barbarie.

» On ne peut nier qu'il y ait eu dans le cloître de grandes vertus. Il n'est guère encore de monastères qui ne renferment des âmes admirables. Trop d'écrivains se sont plus à rechercher les désordres et les vices dont furent souillés quelquefois ces asiles de la piété. Il est certain que la vie séculière a toujours été plus vicieuse, que les grands crimes n'ont pas été commis dans les monastères, mais ils ont été trop remarqués par leur contraste avec la règle. Nul état n'a toujours été pur. Il faut ici n'envisager que le bien général de la société; le petit nombre de cloîtres fit d'abord beaucoup de bien, le trop grand nombre peut les avilir.... (1). »

(1) Ce passage est cité dans l'Encyclopédie moderne (Didot), au mot MONASTÈRES.

MAUBEC.

—

J'aimais le beffroi des alarmes,
La cour où sonnaient les clairons,
La salle où déposant leurs armes,
Se rassemblaient les hauts barons ;
Les vitraux éclatants ou sombres,
Le caveau froid où, dans les ombres,
Sous des murs que le temps abat,
Les preux, sourds au vent qui murmure,
Dorment cachés dans leur armure,
Comme la veille d'un combat....

(Victor Hugo.)

Au-dessus de ces roches parées de verdure qu'on aperçoit de Bourgoin, à peu de distance vers le sud, et qui dominent le joli vallon de la Combe de Bion, se dressait jadis le donjon féodal de Maubec. La génération qui nous a précédés, a vu encore debout ce manoir ou plutôt ses restes imposants, ses tours qui couronnaient le précipice, son enceinte et sa chapelle antique. Au commencement de la première révolution, la torche des brûleurs de châteaux a fait disparaître ces vieux édifices qui, depuis longtemps, ne servaient plus de demeure qu'à de paisibles laboureurs, et contribuaient seulement à donner un aspect romantique à un gracieux paysage.

Ce château, qui fut souvent le théâtre de scènes sanglantes, servit de principale résidence et donna son nom à des seigneurs qui ont joué un rôle important dans l'histoire de notre contrée.

La seigneurie de Maubec, dont la domination s'étendait sur un assez vaste territoire, appartenait primitivement à une ancienne famille du même nom (1). Elle passa ensuite au pouvoir de l'illustre maison de Bocsozel.

Cette dernière maison tirait son nom d'un château situé entre Champier et la Frette, lequel avait sous sa dépendance différentes loca-

(1) Salvaing de Boissieu, de l'Usage des fiefs, p. 322.

lités, et entr'autres le pays environnant la côte Saint-André (1).

On ignore l'époque précise à laquelle une branche de la famille de Bocsozel fut appelée, par héritage ou autrement, à recueillir la seigneurie de Maubec; mais une fois au pouvoir de cette famille, cette seigneurie acquit une grande importance.

On voit figurer les seigneurs de Maubec comme personnages considérables dans diverses circonstances mémorables.

En 1277, Guillaume de Beauvoir de Marc, l'un des principaux seigneurs du Viennois, qui y possédait de grandes terres, fit son testament par lequel il partageait ses possessions entre ses deux fils, Drodon et Aymar de Beauvoir. Dans le lot de Drodon, figurent les terres et les châ-

(1) V. Chorier, t. 1er, p. 775. — On aperçoit encore les ruines du puissant château de Bocsozel, dans la commune du Mottier, non loin de la grande route de Champier à la Frette; par corruption, on donne aujourd'hui à ces ruines le nom de château de Beau-Sujet.

teaux de Beauvoir, de Jonages et de Ruy. Parmi les huit témoins de ce testament, on trouve Humbert de la Tour, qui fut depuis Dauphin, et Jacques de Bocsozel, seigneur de Maubec. Ils étaient également les exécuteurs testamentaires désignés par le testateur (1).

Humbert de Bocsozel, qui était seigneur de Maubec en 1308, était l'un des amis et des conseillers du comte de Savoie. Des différends s'étant élevés entre ce prince et le comte de Genève, au sujet de l'interprétation d'un traité, la difficulté fut soumise à des arbitres, en tête desquels se trouvait le seigneur de Maubec. La sentence qui fut rendue est datée du château de Saint-Georges d'Espéranche, le 6 novembre 1308 (2).

On voit le même Humbert de Bocsozel figurer parmi les médiateurs et les témoins d'un traité conclu au mois de septembre 1308, entre le

(1) Valbonnais, t. 2, p. 15,— et Nobiliaire du Dauphiné, v° Bocsozel.

(2) Valb., t. 2, p. 139.

comte de Savoie, la dauphine Béatrix, veuve de Jean Ier, et Hugues, seigneur de Faucigny (1).

On rencontre encore à différentes époques les noms des seigneurs de Maubec, avec les qualités d'arbitres, de cautions et de témoins, dans une foule de traités et d'actes importants.

Une partie de leurs domaines relevait des comtes de Savoie, et une autre des Dauphins ; du moins, ces princes prétendaient réciproquement à un droit de suzeraineté sur les seigneurs de Maubec, ce qui donnait lieu à des contestations et à des luttes sans fin.

En l'année 1290, le Dauphin Humbert Ier avait su amener Aymon de Bocsozel, seigneur de Maubec, à se reconnaître son vassal.

« Humbert, dit Valbonnais (2), attentif à pro-
» fiter des occasions d'accroître son domaine,
» ne laissait échapper aucune de celles qui se
» présentaient d'acquérir les hommages des
» terres voisines ou de celles qui étaient encla-

(1) Valb., t. 2, p. 141.

(2) Tome 1, p. 240.

» vées dans les siennes; il engagea Aymon de » Bocsozel à tenir en fief de la baronnie de la » Tour les terres de Maubec, etc. »

La reconnaissance passée par Aymon de Bocsozel est à la date du 11 mars 1290; elle constate que ce seigneur fit hommage entre les mains du Dauphin, sur le pont de Chéruis, en présence d'un grand nombre de chevaliers et d'une grande affluence de population. Par cet acte, Aymon reconnut, pour lui et ses successeurs, tenir en fief du Dauphin, seigneur de la Tour (*ab illustri viro domino Humberto Dalphino Viennensi et Albonis comite, domino que de Turre*) le château et le mandement de Maubec, et, spécialement, la garde d'Artas, le château de Chèze-Neuve (de Chezâ-Novâ) et son mandement, le château et le mandement des Eparres, le château de Montlyopart, le château et le fief de Pusignan, le péage du grand chemin public de Saint-Alban, tout ce que ledit Aymon possède dans la dépendance du château et de la paroisse de Bourgoin, la maison forte et le fief de Viriville, et généralement tous les biens qu'il possède, à l'exception, toutefois, du territoire situé entre la rivière d'Aygne (*Aygni*) et celle de Crotef, parce que, à raison de ce territoire, il est vassal du comte de Savoie (1).

Aymon de Bocsozel périt d'une façon tragique, on 1300 ou 1301, dans la circonstance que voici :

Ce seigneur, qui ménageait tour à tour ses deux puissants voisins, le Dauphin et le comte de Savoie, était, à ce qu'il paraît, nonobstant l'hommage qu'il avait rendu au Dauphin en 1290, disposé à se tourner du côté du comte. Dans le but d'empêcher l'exécution de ce dessein, Guillaume de Virieu, châtelain de Bourgoin, agissant probablement par excès de zèle et sans en avoir prévenu le Dauphin, se concerta avec plusieurs seigneurs, vassaux de la baronnie de la Tour, et parmi lesquels figuraient Pierre de Drens, Thomas de Gumin et Guillaume de Miribel ; puis, accompagné par eux et

(1) Valb., t. 1er, p. 20. — Chorier, t. 1er, p. 867.

aidé des gens de Bourgoin et d'autres terres voisines, il s'empara par surprise du château de Maubec, où tous ceux qui s'y trouvèrent furent massacrés, y compris le seigneur. Le comte de Savoie protesta hautement contre cet acte de violence et contre le meurtre de celui qu'il appelait son vassal. Son envoyé, le juge Bertrandy, demanda formellement au Dauphin la remise des coupables, dont il signalait les noms, afin que le comte put les faire punir. Humbert Ier répondit qu'on ne pouvait lui imputer en aucune façon la mort d'Aymon de Bocsozel, et qu'il blâmait formellement l'entreprise qui avait amené cette mort ; qu'Aymon était son proche parent, son ami et son vassal, et qu'il regrettait vivement sa perte. Il ajouta, au surplus, que le lieu de Maubec dépendant de sa justice et non de celle du comte, c'était aux officiers de sa cour de connaître des crimes qui s'y commettaient (1).

Aymon laissait une fille jeune et belle, Jeanne

(1) Vab., t. 1er, p. 254, et t. 2, p. 97.

de Bocsozel, dont le Dauphin se porta hautement le protecteur, et qu'il se proposait de donner en mariage à quelque seigneur qui lui fut tout dévoué. Bientôt après la mort de son père, Jeanne de Bocsozel vint au château de la Balme, résidence favorite du Dauphin, et, dans la cour de ce château, en présence de nombreux seigneurs et chevaliers, elle lui rendit hommage pour toutes les possessions qu'Aymon avait reconnu tenir de lui en 1290.

Chorier donne des détails assez curieux au sujet de cette cérémonie :

« Les nobles rendaient leurs hommages dé-
» couverts, debout et armés, les mains jointes
» entre celles du suzerain, qui, après qu'ils lui
» avaient promis tout ce qui était porté par les
» conditions de leurs fiefs, leur donnait un
» baiser sur la bouche. Ce baiser est appelé dans
» les anciens actes *osculum pacis et amoris*. Il
» n'y avait pas de forme particulière pour les
» femmes. Béatrix de Viennois, dame d'Arlay,
» rendant hommage au Dauphin Humbert II,

» son neveu, le 16 avril 1340, l'acte apprend » que ce fut *complosis manibus et oris osculo*, » les mains jointes et par un baiser. Néanmoins, » lorsque Jeanne de Bocsozel rendit hommage » de la terre de Maubec au Dauphin Humbert Ier, » en 1301, l'acte que j'en ai vu dit que ce fut » *manus suas habens junctas intrâ manus do-* » *mini Delphini;* mais il n'ajoute pas que le » Dauphin lui donna ce baiser, qui n'aurait pas » été omis, s'il l'avait fait, cette formalité étant » de l'essence de l'hommage. Elle était encore » fille et jeune; aussi la qualité de *nobilis do-* » *micella* lui est donnée, et ce fut sans doute » par cette raison que le Dauphin eut cette com- » plaisance pour elle. Le vassal non noble ren- » dait hommage à genoux et sans armes, et, au » lieu que le noble baisait son seigneur à la » bouche, le vassal non noble ne lui baisait que » le pouce (1). »

(1) Chorier, t. 1er, p. 842-867.

A propos du mot DOMICELLA appliqué ici à Jeanne de Bocsozel, ce même Chorier, dans un autre passage (p. 839),

Le comte de Savoie voyait avec peine la nouvelle atteinte portée à ses prétentions sur la seigneurie de Maubec, par l'influence exclusive que le Dauphin prenait sur Jeanne de Bocsozel; mais comme il y avait alors une trève jurée en-

se livre à des réflexions assez singulières : « L'origine du » nom de DAMOISEAU, dit-il, n'est pas très-difficile à trou- » ver. Il est assuré que ce n'est qu'un diminutif du latin » DOMINUS, qui signifie maître et seigneur. Premièrement, » on en a fait DOMINICELLUS, et après DOMICELLUS. Notre lan- » gue en a fait d'abord DAMOISEL et après DAMOISEAU OU DE- » MOISEAU, comme l'on parle présentement. Déjà, en 1301, » comme nous l'apprend l'hommage rendu par Jeanne de » Bocsozel, il avait, de notre sexe, été porté à l'autre, » et comme les fils des grandes familles étaient appelés » DOMICELLI OU DAMOISEAUX, dans les nobles maisons les » filles furent appelées DOMICELLÆ OU DAMOISELLLES. Par un » abus extraordinaire, cette qualité de DEMOISELLE qui n'é- » tait propre qu'aux filles des grandes et illustres mai- » sons, est devenue si commune en ce siècle, que l'usur- » pation injuste qu'il a été permis d'en faire à toutes les » conditions, l'a enfin presque déshonorée. »

Salvaing de Boissieu (Traité de l'usage des fiefs, p. 60 et suiv.) confirme ce que dit Chorier sur les formes de tre lui et Humbert Ier, trève dont Charles de Valois, frère du roi de France, s'était rendu le garant, en attendant qu'il eut résolu en qualité d'arbitre les difficultés qui divisaient les deux princes, le comte n'osa agir trop ouvertement.

l'hommage féodal en Dauphiné, et il donne à ce propos des détails qui ont bien leur côté plaisant :

« L'hommage étant un acte de révérence et de respect » envers le seigneur, il est bien juste qu'il se fasse avec » quelque solennité qui marque sa nature, dont la forme » est différente selon la coutume des lieux, qui doit être » observée. Celle de Berry veut que le vassal, qui ne trouve » point le seigneur, ni personne de sa part au lieu du fief » dominant, fasse le devoir en baisant le verrouil de la » porte. Et comme la forme qui est prescrite par l'inféo- » dation doit être suivie, il y a des fiefs qui sont sujets » à des devoirs bizarres, solon le caprice du seigneur dont » ils sont procédés, qui s'est trouvé d'humeur plaisante ou » qui a cru de rendre son vassal plus soumis par des con- » ditions extravagantes. Tel est un fief du pays du Maine, » à cause duquel le vassal est obligé, pour toute presta- » tion de foi et devoir seigneurial, de contrefaire l'ivrogne » et de dire une chanson gaillarde à la dame de Levaray, » et ensuite de courir la quintaine à la manière des pay-

Toutefois, il favorisa, autant qu'il était en lui, les prétentions d'Humbert de Bocsozel, seigneur de Châtonnay, frère d'Aymon, qui soutenait, à tort ou à raison, avoir seul le droit de recueillir la seigneurie de Maubec, à l'exclusion de sa nièce. Humbert de Bocsozel ne s'en tint pas à

» sans, et de jeter son chapeau ou une perche en courant.
» Tels ont été quelques fiefs du baron de Moncontour, au-
» quel le nouveau vassal devait présenter une allouette liée
» sur un char à bœufs. Il n'en est point de si ridicule ni
» si peu honnête que celui qui était tenu en Angleterre
» par un Baudoin, pour lequel, DEBUIT FACERE, portait le
» titre DIE NATALI DOMINI, SINGULIS ANNIS, CORAM DOMINO REGE
» ANGLIÆ, UNUM SALTUM, UNUM SUFFLETUM, ET UNUM BOMBULUM,
» ce que Cambdemus explique de cette sorte : UT SALTARET,
» BUCCAS CUM SONITU INFLARET, ET VENTRIS CREPITUM EDERET.»

Salvaing fait ensuite observer que l'hommage devait être rendu en personne de la part du vassal, et non par procureur; que si le vassal était une femme, fut-ce même une abbesse représentant son monastère pour quelque fief, elle ne pouvait, malgré la formalité essentielle du baiser (OSCULI PACIS ET AMORIS), se dispenser de ce devoir tout personnel, à moins que le suzerain ne consentit à recevoir l'hommage par procureur, ou à renoncer au baiser.

de vaines réclamations. Avec les secours que lui fournit clandestinement le comte de Savoie, il s'empara à son tour, en 1302, du château de Maubec, qui était alors occupé par les gens des terres du Dauphin, et déclara tenir cette seigneurie en fief du comte de Savoie. Puis, usant froidement de représailles, pour venger la mort de son frère, il fit périr par divers supplices un bon nombre d'hommes du Dauphin qui occupaient le château ou qui passaient pour avoir participé à l'acte de violence commis l'année précédente. Les uns furent précipités du haut du rocher, d'autres eurent la tête tranchée ou furent pendus. « *Et ibidem homines Dalphini* » *quamplurimos diversis mortis generibus in-* » *terfecit; nam aliquos de rupe præcipitavit,* » *alios decapitari fecit, alios suspendi et usquè* » *ad numerum octo viginti hominum Dalphini* » *prædictis mortis generibus inter fecit* (1). »

Vainement le Dauphin porta ses plaintes à l'occasion de cet attentat à Charles de Valois,

(1) Valb., t. 1er, p. 275, et t. 2, p. 98 et 99.

l'arbitre commun. Le comte de Savoie répondit que ce n'était là qu'une représaille, et fit valoir ses différents griefs. La terre de Maubec fut longtemps encore un sujet de discorde entre les Dauphins et les princes de Savoie, et la médiation de Charles de Valois devint infructueuse. Ce fut seulement en 1314 que Jean II, Dauphin, et Amé comte de Savoie, parvinrent à se mettre d'accord. Un traité fut conclu entr'eux, et le Dauphin abandonna ses prétentions sur Maubec et sur ses dépendances, qu'Aymon, fils d'Humbert, dut posséder désormais comme vassal du comte de Savoie (2).

La maison de Bocsozel fut, jusqu'en 1355, époque où les comtes de Savoie cédèrent au Dauphiné toutes leurs possessions en deçà du Guiers, un des plus fermes appuis de ces comtes. En 1325, Guillaume de Bocsozel, seigneur de Maubec, et son fils Hugues, seigneur de Roche, rendirent, à la bataille de Varey, en Bresse, un service signalé au comte Edouard.

(1) Valb., t. 1er, p. 272 et 273, et t. 2, p. 156.

Ce prince et le jeune et belliqueux Dauphin Guigues VIII se faisaient alors une guerre acharnée. Le comte de Savoie espérait profiter de la jeunesse et de l'inexpérience du Dauphin, pour lui enlever tout ce qu'il possédait au-delà du Rhône, dans la Bresse et dans le Bugey. Son armée était la plus nombreuse que jamais la Savoie eut mise sur pied. Le ban et l'arrière-ban de l'état de Savoie avaient été assemblés ; le duc de Bourgogne lui avait envoyé un puissant secours sous la conduite de Robert de Bourgogne, comte de Tonnerre, son frère, et de Jean de Châlon, comte d'Auxerre. D'autres princes lui avaient amené des troupes. A la tête de ces troupes, le comte Edouard se mit à assiéger le bourg et le château de Varey, qui appartenaient au Dauphin. Celui-ci, de son côté, était parvenu à rassembler une armée plus faible à la vérité que celle du comte, mais qui le mit néanmoins en état de tenir la campagne. Il avait avec lui les comtes de Valentinois et de Genève, le baron d'Arlay et la plus grande partie de la noblesse de ses états. Il s'avança dans le dessein de faire lever le siége de Varey, et livra bataille au comte. La victoire fut longtemps balancée ; le comte, quoique avec des forces supérieures, fut entièrement défait. Plusieurs de ses alliés furent fait prisonniers, et entr'autres les comtes de Tonnerre et d'Auxerre, et Guichard, sire de Beaujeu.

Le comte Edouard lui-même, après avoir vaillamment combattu, avait été pris par Auberjon de Maille, chevalier dauphinois, et par le seigneur de Tournon. Déjà ils l'avaient entraîné hors du champ de bataille et se mettaient en mesure de lui ôter son casque, lorsque Guillaume de Bocsozel, seigneur de Maubec, les ayant aperçus, appela à son aide Hugues de Bocsozel, son fils, seigneur de Roche, et, avec son assistance, il parvint à délivrer le comte. Voici comment la chronique manuscrite de Savoie fait le récit de cette délivrance :

« A l'appel de son père, Hugues de Bocsozel » se partit de la meslée, et prestement s'en alla

» après ceux qui menaient le seigneur comte
» prisonnier ; rencontrant le seigneur d'Entre-
» mont, lui dit : Suivez-moi hâtivement, car on
» emmène près notre seigneur. Lors s'en allè-
» rent tous deux et trouvèrent le seigneur de
» Tournon et Auberjon de Maille lez un buis-
» son, qui déjà voulaient ôter le bacinet au
» comte, frappèrent de grand randon sur eux,
» si qu'ils occirent Auberjon de Maille, et mi-
» rent le comte Edouard à cheval et l'y firent
» passer le pont d'Ains, retournèrent alors au
» conflit et y demeurèrent prisonniers (1) »

La perte de la bataille de Varey porta une rude atteinte à la puissance du comte de Savoie et à son influence. « Mais, dit Chorier, quoique
» les affaires du comte fussent ruinées, la mai-
» son de Maubec n'en demeura pas moins ferme
» dans son parti. Aussi le comte, qui savait de
» quelle importance cet attachement des sei-
» gneurs de Maubec lui était dans le Viennois,

(1) Valb., t. 1er, p. 288 et 289. — Chorier, t. 2, p. 247 et suiv. — Salvaing de Boissieu, p. 6.

» eut grand soin de se les conserver. Pour cela,
» Hugues de Bocsozel, seigneur de Roche, qui
» l'avait si utilement servi à la journée de Va-
» rey, reçut des témoignages de sa reconnais-
» sance ; l'étant allé voir à Chambéry, le comte
» le gratifia de plusieurs fiefs, le 17 mars
» 1327 (1). »

Ce même Hugues de Bocsozel obtint plus tard, par son mérite et sa valeur, d'autres distinctions signalées, comme le démontrent les faits que voici :

Aymon, comte de Savoie, mourut vers l'année 1342 ; il laissait pour successeur Amé VI, son fils, alors âgé seulement de dix ans. Bien que le jeune prince eut pour tuteurs Louis de Savoie, seigneur de Vaud, et Amé, comte de Genève, Aymon avait eu soin de limiter leur autorité, en ordonnant que les affaires de chaque province seraient exclusivement dirigées par un conseil spécial. Hugues, seigneur de Maubec ; Amédée, seigneur de Miribel ; Pierre

(1) Chorier, loc. cit.

de Maubec et Guillaume de Miribel, seigneur de Faramans, formèrent le conseil des terres que la Savoie possédait dans le Viennois (1).

Quelques années après, le jeune Amé, qui est resté célèbre dans l'histoire sous le nom de *comte Vert* (nom qui lui venait de la couleur de sa cotte-d'armes), venait de livrer un combat meurtrier aux habitants du Valais, qui s'étaient révoltés contre l'évêque de Sion et l'avaient chassé de son siége. A la suite de ce combat et d'un assaut terrible, il prit la ville de Sion qui fut entièrement saccagée. C'est dans cette circonstance qu'Amé se fit armer chevalier, et ce fut par la main d'Hugues de Bocsozel. « En cet » ordre, fut au matin au poinct du jour sonné » l'assault contre la cité de Syon, lequel dura » depuis le soleil levant jusques à heure de » vespres, faisans les habitans extrême défense. » Toutefois enfin fut la ville prise par force et » mise à sac, et grand nombre de ceux qui fu- » rent trouvés en armes massacrez. En cest fu-

(1) Chorier, t. 2, p. 304.

» rieux assault fut fait chevalier le comte Verd
» par les mains de messire Guillaume de Grans-
» son, hardi et vaillant chevalier, et par les
» mains de messire Hugues de Bocsozel, sage
» chevalier et très-expert au mestier des ar-
» mes (1). »

Ce ne fut qu'après la cession du Dauphiné aux rois de France, que les comtes de Savoie renoncèrent, par le traité de 1355, à toutes leurs possessions et à tous leurs droits de suzeraineté dans le pays situé en deça du Guiers. A partir de cette époque, les seigneurs de Maubec, devenus vassaux des rois de France, continuèrent à occuper une haute position dans le Dauphiné. Lorsqu'en 1330, pendant que Charles VII luttait contre les Anglais, Louis de Châlon, prince d'Orange, qui était un des chefs du parti Bourguignon, entra avec une armée dans le Dauphiné, Raoul de Gaucourt, gouverneur de cette province, rassembla à la hâte les troupes dauphinoises et attaqua le prince d'Orange dans

(1) Paradin, Chronique de Savoie, p. 284.

les plaines d'Authon, où il le mit en pleine déroute. Le récit de cette bataille, qui eut les conséquences les plus heureuses pour le parti français, mentionne parmi les principaux chefs de l'armée dauphinoise, le seigneur de Maubec, qui y est qualifié de *vir strennus et bellicosus* (1).

La terre seigneuriale de Maubec avait toujours été comptée parmi les quatre anciennes baronnies du Dauphiné. Ces anciennes baronnies étaient les plus hautes dignités nobiliaires de ce pays; elles étaient au nombre de quatre: celle de Clermont, celle de Sassenage, celle de Montmaur; Maubec et Bressieu formaient concurremment la quatrième, qui prenait rang immédiatement après celle de Sassenage. Les barons de Maubec et ceux de Bressieu siégeaient alternativement, en qualité de grands barons, dans les assemblées des états du Dauphiné (2).

(1) Valb., t. 1er. p. 62, et Chorier, t. 2, p. 427.

(2) Salvaing de Boissieu, de l'Usage des fiefs, p. 315 et suiv., 318 et suiv., 321 et suiv. V. aussi Mémoire manuscrit de M. de Bouchu, intendant du Dauphiné en 1698.

Après avoir appartenu pendant plusieurs siècles à diverses branches de la maison de Bocsozel, et, entr'autres, à celle des Bocsozel-Châtelard (1), la baronnie de Maubec, qui fut érigée en marquisat au commencement du XVIIe siècle, passa dans d'autres maisons. Elle était, en 1632, au pouvoir de Marie comtesse de Montlort, veuve du maréchal duc d'Ornano, ancien lieutenant-général du roi en Dauphiné. Cette dame eut pour successeur Anne-Marie-Joseph de Lorraine, prince de Guise et comte d'Harcourt, auquel les princesses de la maison Bourbon-Soissons transmirent aussi la terre domaniale de Bourgoin. Dans un arrêt du Parlement du 3 décembre 1725, le prince de Guise, à raison de la terre de Maubec, est encore désigné comme l'un des quatre premiers barons du Dauphiné. Vers le milieu du siècle dernier, la seigneurie de Mau-

(1) Nobiliaire du Dauphiné, par Guy-Allard, p. 93.

Les armoiries de la maison de Bocsozel étaient d'or, au chef échiqueté d'argent et d'azur, de deux tires, avec la devise : QUOY QU'IL EN ADVIENNE.

bec et celle de Bourgoin furent aliénées par la maison de Guise en faveur de M. Marcrani Planelli de la Valette, qui les possédait en dernier lieu.

Un des membres de la branche des Bocsozel-Châtelard, qui vivait au milieu du XVIe siècle, eut une existence assez romanesque, et fit une fin assez tragique pour pour que son souvenir mérite d'être rappelé ici.

Pierre de Bocsozel-Châtelard était par sa mère non pas le neveu, comme le portent certains documents, mais bien le petit-fils de Bayard. En effet, le chevalier sans peur et sans reproche, à la suite de ses amours avec une demoiselle appartenant à une noble famille milanaise, en avait eu une fille naturelle qu'il aima tendrement. Après sa glorieuse mort, ses frères traitèrent cette enfant comme leur nièce, la firent élever avec soin et la marièrent à un Bocsozel-Châtelard, qui fut le père de celui dont je parle.

Ce jeune homme ressemblait à Bayard, son aïcul, par sa belle taille, quoique maigre, et par son air franc et noble : « Adroit dans tous » les exercices, il se servait (dit Brantôme) d'une » poésie douce et gentille, aussi bien qu'aucun » gentilhomme de France. » Il était attaché à la maison de Montmorency lorsque Damville, fils du connétable, et le grand-prieur de Lorraine accompagnèrent Marie-Stuart, qui s'en retournait en Ecosse après la mort de son époux François II. Châtelard suivit Damville en Ecosse; Brantôme était également au nombre des gentilshommes français qui escortaient la jeune reine. Il a consacré, dans son livre des *Dames illustres*, le souvenir de la fatale passion et de la mort cruelle de l'infortuné Châtelard. C'est d'après lui que M. Alexandre Dumas, dans son livre des *Stuarts*, a retracé cette aventure. Je crois ne pouvoir mieux faire que de lui emprunter son récit, d'autant mieux que ce récit est en tout point conforme aux documents historiques qui mentionnent les faits qui en sont l'objet (1).

(1) V. Bibliothèque du Dauphiné, par Guy-Allard (édi-

« M. Damville, l'un des Français qui avaient suivi la reine, n'aspirait à rien moins qu'à la main de Marie Stuart. Si une pareille prétention pouvait être justifiée chez un homme qui n'était point de famille royale, c'était certes chez celui qui réunissait une aussi haute naissance à un aussi grand courage, et qui voyait déjà en perspective l'épée de connétable. Aussi lorsque, après trois mois de séjour à la cour d'Ecosse, M. Damville fut rappelé en France, pour aller prendre le gouvernement du Languedoc, où force troubles de religion éclataient, il quitta Marie en conservant l'espoir de la revoir bientôt, rapproché d'elle encore par la première charge du royaume. Mais comme il savait com-

tion de 1798), v° Châtelard. — Eloge de Bayard, publié en 1789, par M. Dochier de Romans, aux notes. Il cite Garnier, Histoire de France, t. 22, et Expilly, Supplément à l'Histoire de Bayard. — V. aussi Dictionnaire encyclopédique de l'histoire de France, de Lebas, au mot Châtelard. Il cite de Thou, sur la circonstance que Châtelard était bien le petit-fils de Bayard. — V. aussi Brantôme, Dames illustres, Vie de Marie Stuart.

bien avec facilité on oublie les absents, il laissa près d'elle pour plaider ses intérêts un jeune homme de sa maison en qui il avait toute confiance. Ce jeune homme était Châtelard.

» Le choix du duc ne pouvait être plus malheureux. Depuis trois ans, Châtelard aimait Marie, et constamment retenu par la difficulté de la voir en particulier, il avait dissimulé son amour. Mais devenu le confident de M. Damville, pour lequel la reine avait quelque penchant, cette difficulté de se trouver en tête à tête avec la reine disparut, et comme Châtelard, en sa double qualité de poète et de gentilhomme, ne manquait pas de confiance en lui-même, il commença peu à peu à sacrifier les intérêts qu'il était chargé de représenter, pour pousser les siens en avant. Marie Stuart, habituée au langage des courtisans, ne s'aperçut point de ce qu'il y avait de réel dans les allégories dont Châtelard enveloppait ses déclarations quotidiennes; ce que voyant Châtelard, il substitua les vers à la prose, et pensant qu'il serait enfin compris en parlant cette langue divine si familière à Marie, il lui remit les strophes suivantes :

Antres, prés, monts et plaines,
Rochers, forêts et bois,
Ruisseaux, fleuves, fontaines,
Où perdu je me vois,
D'une plainte incertaine,
De sanglots toute pleine,
  Je veux chanter
La misérable peine
Qui me fait lamenter.

Mais qui pourra entendre
Mon soupir gémissant,
Ou qui pourra comprendre
Mon ennui languissant?
Sera-ce cet herbage
Ou l'eau de ce rivage
  Qui, s'écoulant,
Porte de mon visage
Ce ruisseau distillant?

Ou ces sombres vallées,
Où je vois mainte fois
Les sœurs échevelées
Sauteler sous mes doigts?
Ou les déserts repaires
De ces lieux solitaires,
   Et ces monts indiscrets,
Qui sont dépositaires
De mes piteux regrets?

Mais non! car de la plaie
Cherche en vain guérison,
Qui pour secours essaie
Aux choses sans raison.
Il vaut mieux que ma plainte
Raconte son atteinte
   Amèrement,
A toi qui a contrainte
Mon âme en ce tourment.

O déesse immortelle!
Ecoute donc ma voix,

Toi qui tiens en tutelle
Mon pouvoir sous tes lois ;
Afin que si, Marie,
Se voit en bref carie
 Ta cruauté,
La confesse périe
Par ta seule beauté.

L'on voit bien que ma face
S'écoule peu à peu,
Comme la froide glace
A la chaleur du feu.
Et néanmoins, la flamme
Qui me brûle et m'enflamme
 De passion,
N'émeut jamais ton âme
D'aucune affection.

Et cependant, ces arbres
Qui sont autour de moi,
Ces rochers et ces marbres
Savent bien mon émoi.

Bref, rien dans la nature
N'ignore ma blessure,
Hors seulement
Toi, qui prends nourriture
De mon cruel tourment.

Mais si c'est agréable
De me voir misérable
En tourment tel,
Mon malheur déplorable
Soit alors immortel !

» Marie prit ces vers sans leur reconnaître d'autre importance que celle que leur donnait leur mérite poétique. Sous ce rapport, elle en fit le cas qu'ils méritaient, et le soir même elle les montra publiquement à toutes les personnes qui composaient son cercle habituel, faisant sur eux les compliments les plus sincères à Châtelard.

» Mais ce n'était point cela que désirait l'aventureux jeune homme. Cette fois, l'orgueil du poète le cédait aux désirs de l'amant, et ce n'était pas des louanges de Marie qu'il avait soif, c'était de son amour. Il résolut donc, repoussé qu'il était constamment par l'affectation que mettait la reine à ne le pas comprendre, de tout risquer pour tout obtenir, et, un soir, s'étant introduit dans la chambre de Marie, il se cacha sous le lit.

La reine, sans défiance, venait de rentrer chez elle avec ses femmes et commençait à se déshabiller, lorsque son chien, qui était un épagneul qu'elle aimait beaucoup et qu'elle tenait alors dans ses bras, se mit à japper avec acharnement en tournant la tête du côté de l'alcôve. Marie, d'abord, n'y fit point attention; mais voyant la persistance de son chien, elle le posa à terre. Il s'élança aussitôt vers le lit, et une de ses femmes s'étant baissée, aperçut Châtelard.

» La reine fit au chevalier une grave et sévère remontrance; mais ne voulant point ébruiter la chose, de peur qu'elle n'allât trop loin, elle recommanda à ses femmes de garder le silence sur cette aventure. Effectivement, contre toute apparence, elle ne transpira point. Mais il résulta de ce silence même que Châtelard demeura convaincu que, sans les femmes de la reine qui se trouvaient là, le pardon de Marie eût été plus complet encore; de sorte qu'au lieu de combattre son fol amour, il ne chercha qu'une nouvelle occasion d'en obtenir la récompense.

» Cette récompense fut terrible. Un mois après l'événement que nous venons de raconter, Châtelard fut trouvé une seconde fois caché dans la chambre de la reine. Et, cette fois, Marie, craignant qu'on ne la crut complice de tant d'audace, dénonça le coupable à son frère. Châtelard, déféré à une cour de justice, fut déclaré coupable du crime de lèse-majesté, et condamné à la peine de mort.

» Alors Marie eut grand regret de ne point avoir agi cette fois comme la première; mais il était trop tard. Son droit de grâce, appliqué en cette circonstance, pouvait être funeste à son honneur: Châtelard condamné marcha à la mort.

« Arrivé à l'échafaud, qui était situé sur la grande place d'Edimbourg, Châtelard, qui avait refusé le secours d'un prêtre, se fit lire l'ode de Ronsard sur la mort, et, ayant écouté avec une admiration profonde et une attention soutenue, il se tourna vers la fenêtre de Marie Stuart, et, s'étant écrié : *Adieu! la plus belle et la plus cruelle princesse qui soit au monde!* il posa sa tête sur le billot : alors le bourreau leva sa hache et le décapita du premier coup. »

—

Je me suis principalement attaché, dans la notice qui précède, à signaler les souvenirs et les traces qu'a laissés la maison de Bocsozel, en me bornant à indiquer seulement les noms des familles qui lui ont succédé. C'est qu'en effet, l'époque de la domination des Bocsozel est, si je puis m'exprimer ainsi, l'âge héroïque de la seigneurie de Maubec. C'est la période de son existence où son nom a eu le plus de retentissement. Cette seigneurie puissante vivait alors d'une vie qui lui était propre ; elle jouait un rôle important au milieu de l'âge féodal. Lorsqu'elle a passé plus tard au pouvoir du duc ou de la duchesse d'Ornano, et ensuite en la possession des princes de Guise ou d'Harcourt, et de M. de la Valette, la terre de Maubec ne constituait plus une espèce de souveraineté pour ses maîtres. Ils ne pouvaient plus guère y voir qu'une source de revenus territoriaux, et si quelques-uns d'entr'eux, notamment le maréchal duc d'Ornano, ont occupé des positions considérables, ce n'est nullement comme seigneurs de Maubec qu'ils ont jeté quelque éclat. Les chroniques et les documents écrits ne nous fournissent rien de digne d'attention au sujet de Maubec, pour cette période moderne, et les traditions locales sont à peu près muettes. C'est tout au plus si dans le pays on a conservé le vague souvenir de quelques actes de brutalité et de folie qui signalèrent, à ce qu'il paraît, le séjour dans nos contrées du dernier des princes de la maison de Guise, auquel appartinrent les deux seigneuries de Maubec et de Bourgoin. En définitive, je crois avoir envisagé Maubec sous sa physionomie la plus intéressante, en y cherchant le type de la grande baronnie féodale. L'idée que j'ai pu en donner, rapprochée des détails que j'ai fournis sur Saint-Chef et Bourgoin, résume, dans de certaines limites, l'aspect de la société du moyen-âge : *la petite ville affranchie, l'abbaye et le château seigneurial* (1).

FIN.

(1) C'est à Maubec que J.-J. Rousseau a résidé pendant près de dix-huit mois, dans la ferme de Montquin, entre le vieux château et celui de Césarges. (Voir la notice sur Bourgoin.)

PATOIS DU CANTON DE BOURGOIN.

Le patois de ce canton, comme celui de tout le département de l'Isère, et des autres départements du midi de la France, dérive de la langue romane provençale, qui, exclusivement usitée en Dauphiné, jusqu'au règne des Dauphins de la troisième race, n'a commencé à faire place dans cette contrée à la langue romane française, que vers la première moitié du XIVe siècle. Depuis cette époque, la langue primitive, sans cesse altérée et modifiée par la fréquence des relations et par l'introduction d'une foule de locutions et de mots français ou étrangers, a perdu en grande partie son originalité première, et tend de plus en plus à se rapprocher de la langue française. Toutefois, à Bourgoin même, et surtout dans les campagnes environnantes, le patois est encore aujourd'hui généralement usité et porte un cachet bien distinct, sous certains rapports, de celui qu'on parle dans les autres cantons du département. Voici, comme exemple, une traduction de la parabole de l'enfant prodigue, qu'on pourra comparer aux diverses traductions de la même parabole que contient le troisième volume de la *Statistique générale du département*, publié en 1846 :

Parabole de l'Enfant prodigue.

In oumou aï duz éfan, don le pu jouneu disi à son pare : « Bailliéme ce que dé me revegni de voutron bian, » et le pare fit le partageu de tot son bian. Paü de tion apré, le pu jouneu de cele duz magnaux ayant ramassa tot ce qu'oul aï, s'en alit loin dan ion paï étrangi, onté qu'ou dissipit tot son bian en foulian bossi. Quand oul ut tot putafina, eï arrivit ina granda famina en sou paï qui, et ou commanchi à scèr dan la miseri. Ou s'en alit don eïn servici chié ion d'ouz habitan dou paï, que l'envii à sa mézon de campagni pe garda le cayons. Et iqui ou seri éta mêmou bian content de poussé empléna son ventre de le mauvaises peliotes que mizavan le cayons, mais nion ne li en bailliave. Enfein, étant rentra en lui-mémou, ou diave : « Guère a té dans la mézon de mon pare de domesticou qu'an mé de pan qué ne l'i en faut, a poué mi de crévou de fan. E faut que de me lévou et que d'allicin trova mon pare, a poué de li direi : Mon pare dé pechia contra leu ciel et vou, et de ne souë pu digneu d'être apelâ voutreu-n-éfan ; traitâme comme ion de voutreu domesticou. » Ou se levi don et s'envenit treuva son pare, et oul éti enco bian louin quan son pare l'aprecevit et en fu teuchia de compassion, et courant à lui ou sailli à son coulan et l'embrachi, et son garçon li disi : « Mon pare dé pechia contra leu ciel et contra vou, et de ne souë pu digneu d'être apela voutreu-n-éfan. » Alor le pare disi à se serviteur : « Appourta viteu la premieri roba pe le creuvi, et meta li ina baga ou dey et de sculâ ou pi, aduisiez viteu éto le vio grâ et tua le; mizon et soulon ne bian, à causa que mon garçon que vitia ère mort, et oul est rechucitâ; oul éti predu, oul est retreuvâ. » Et i coumenciran à fricotâ. Cependan l'éné dou garçon qu'éti enco pe le terre à travailli, reveni, et quand ou fu pré de la mézon oul entendi le bruit de cele que sautavan. Oul appeli don ion dou domesticou à qui ou demandi ce qu'éiéti; ou li repondi : « É ié voutron frare que revenu, et voutron pare a tuà le vio grâ, à causa qu'ou l'a revu en bouna santa. » Cian qui le meti bian en couléra, ou ne vouli pa entra dans la mézon; mé son pare étant sorti pe le fare entra, ou li repondi : « Vitia bian pro de z-ans que de vou servou, sans vous avé zamé desobéi en rian de ce que vou mé coumandâ, et pretan vou ne mé zamé selaman bailli ion cabri pe me fare de bon san avo meu-z-amis; mé chitou que voutron garçon qua mizia tot son bian avo de tiripelle é revenu, vou féte viteu tuâ le vio grâ.» Alor le pare li disi : « Mon garçon, vou-z-ête tozeu avor mi, et tot ce que dé est à voutreu, mé é failli fare fricot et no ezeuï, à causa que voutron frare ère mort, oul é rechucitâ, oul éti predu, et oul é retrovâ.»

FIN.

TABLE.

Bourgoin. — Imp. de Ch. Vauvillez.

www.ingramcontent.com/pod-product-compliance
Ingram Content Group UK Ltd.
Pitfield, Milton Keynes, MK11 3LW, UK
UKHW012032240726
13965UKWH00002B/741

9 782013 074339